발 행 일	2024년 11월 15일(1판 1쇄)
개 정 일	2025년 04월 01일(1판 2쇄)
I S B N	979-11-92695-52-5(13000)
정 가	15,000원
집 필	이현숙
진 행	김진원
본문디자인	디자인앨리스
발 행 처	㈜아카데미소프트
발 행 인	유성천
주 소	경기도 파주시 정문로 588번길 24
홈 페 이 지	www.aso.co.kr

이 책은 저작권법에 따라 보호를 받는 저작물이므로 무단 전재와 무단 복제를 금지하며, 이 책 내용의 전부 또는 일부를 이용하려면 반드시 ㈜아카데미소프트의 서면동의를 받아야 합니다.

구성

■ 이런 내용으로 구성되어 있어요!

◀ 완성작품 미리보기
각 장별로 학습 목표를 소개하고 완성 작품을 미리 확인할 수 있어요.

본문 따라하기 ▶
로블록스의 기본 기능들을 체계적으로 학습할 수 있도록 구성되어 있어요

◀ 미션 수행하기
앞에서 배운 내용을 다시 한 번 복습할 수 있도록 미션 수행 문제를 제공합니다.

Studio 작업 창의 화면 구성을 알아보기

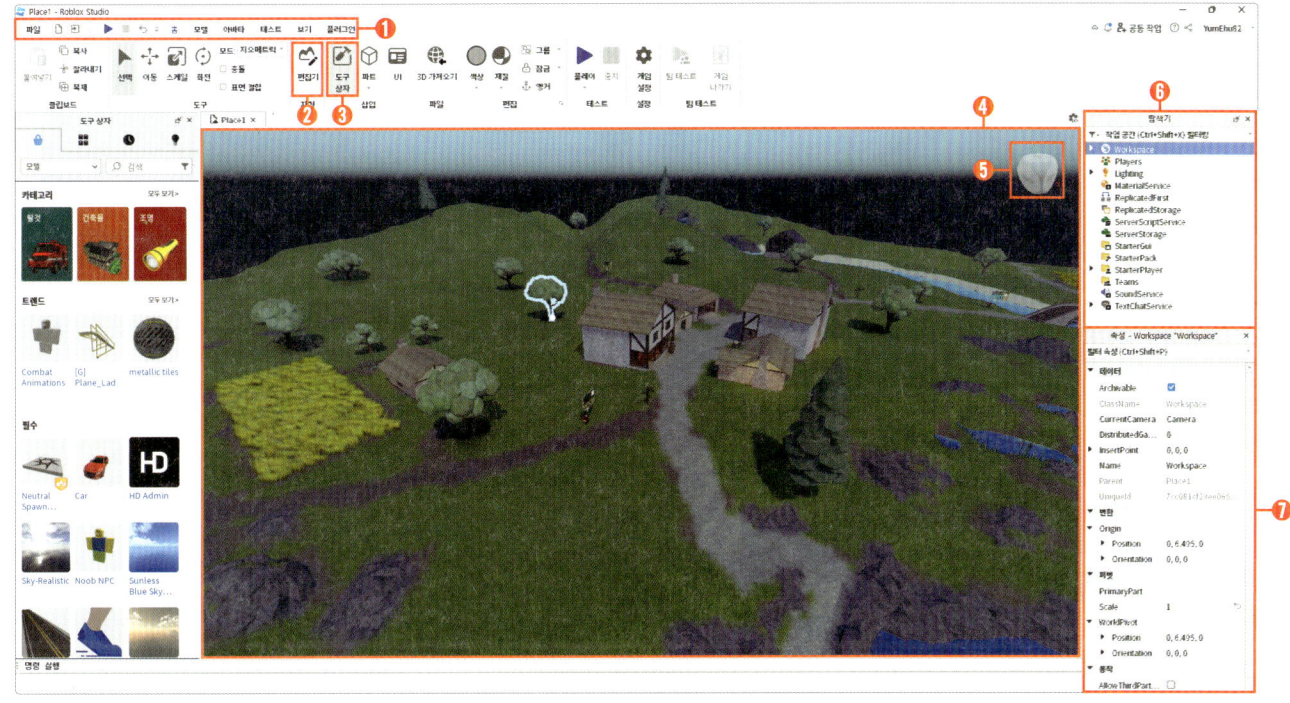

1 **메뉴바** : 맵을 제작하는데 필요한 다양한 메뉴가 모여 있는 곳입니다.

2 **지형 편집기** : 맵의 지형을 편집할 수 있습니다.

3 **도구상자** : 로블록스 스튜디오 사용자가 만들어 놓은 다양한 모델들이 모여 있는 곳입니다.

4 **작업 공간** : 맵을 편집하는 공간으로 파트와 도구상자, 지형 편집기를 이용하여 맵을 제작할 수 있습니다.

5 **보기선택기** : 카메라 시점을 앞/뒤/좌/우/상/하로 변경하거나 작업 공간을 회전시킬 수 있습니다.

6 **탐색기** : 맵을 제작할 때 사용한 모델 및 기능 등의 목록을 확인할 수 있는 공간입니다.

7 **속성** : 맵을 제작할 때 사용한 모델의 속성을 확인하거나 수정할 수 있습니다.

목차

Chapter 01
로블록스 가입 & 캐릭터 만들기

006

Chapter 02
로블록스 아바타 프로필
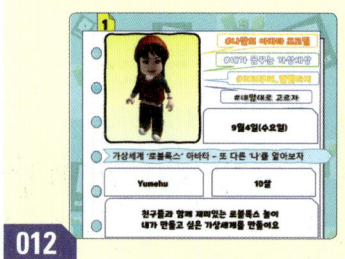
012

Chapter 03
로블록스 세상 구경하기 &
로블록스 스튜디오 사용법 알아보기

018

Chapter 04
파워포인트로 나만의 세상 플랜!
프로젝트

026

Chapter 05
파워포인트로 만드는
나만의 아바타 콘테스트

032

Chapter 06
[스튜디오로 만드는 나만의 가상 세계]
첫 번째! 집 만들기

038

Chapter 07
[스튜디오로 만드는 나만의 가상 세계]
집 위에서 눈 내리는 효과 넣기

048

Chapter 08
파워포인트로 만드는
나의 집을 소개해요

052

Chapter 09
[스튜디오로 만드는 나만의 가상 세계]
세 번째! 카페만들기

058

Chapter 10
[스튜디오로 만드는 나만의 가상 세계]
네 번째! 카페 음식 넣기

066

Chapter 11
파워포인트로 만드는
나의 카페를 소개해요

074

Chapter 12
[스튜디오로 만드는 나만의 가상 세계]
다섯 번째! 놀이터 만들기

080

Chapter 13
파워포인트로 만드는
나의 놀이터를 소개해요

Chapter 14
[스튜디오로 만드는 나만의 가상 세계]
여섯 번째! 축구장 만들기

Chapter 15
파워포인트로 만드는
나의 축구장을 소개해요

Chapter 16
[스튜디오로 만드는 나만의 가상 세계]
일곱 번째! 수영장 만들기

Chapter 17
파워포인트로 만드는
나의 수영장을 소개해요

Chapter 18
[스튜디오로 만드는 나만의 가상 세계]
여덟 번째! 캠핑장 만들기

Chapter 19
파워포인트로 만드는
나의 캠핑장을 소개해요

Chapter 20
[스튜디오로 만드는 나만의 가상 세계]
아홉 번째! 게임방 만들기

Chapter 21
파워포인트로 만드는
나의 게임방을 소개해요

Chapter 22
[스튜디오로 만드는 나만의 가상 세계]
열 번째! 친구들과 함께할 파티장 만들기

Chapter 23
내가 만든 세상 속에서
친구들과 함께 활동하고 사진 남기기

Chapter 24
내가 만든 작품 -
동영상으로 제작하기

Chapter 01 로블록스 가입 & 캐릭터 만들기

▶ 불러올 파일 : 없음   ▶ 완성된 파일 : 없음

- 로블록스 사이트에 가입 할 수 있어요.
- 아이템을 이용하여 내 캐릭터를 만들 수 있어요.

01 로블록스 회원가입하기

1. 엣지브라우저를 실행한 다음 검색창에 '로블록스 바로가기'를 입력한 후, Enter 키를 누릅니다. 이어서, 검색된 로블록스(http://www.roblox.com) 사이트를 클릭하여 접속합니다.

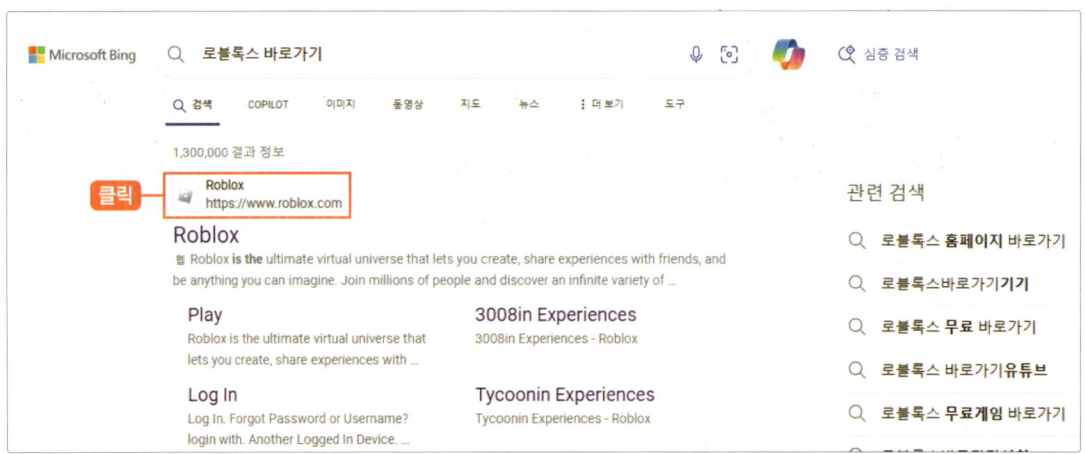

2. 생년월일, 사용자이름, 비밀번호을 입력하고 <회원가입> 단추를 클릭합니다.

    ※ 비밀번호생성규칙 : 비밀번호에는 대소문자 및 숫자를 모두 포함해야 합니다.

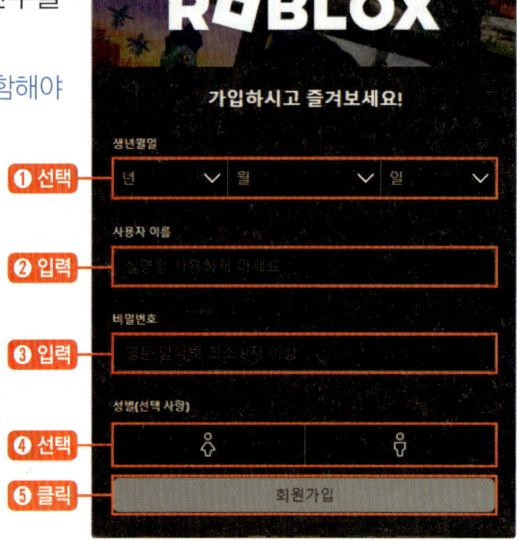

3. 보호자 이메일을 입력하고 <코드전송> 단추를 클릭한 다음 Gmail에 접속합니다.

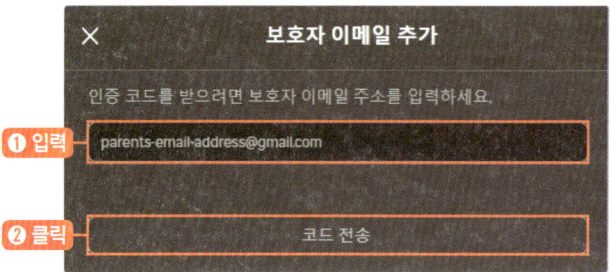

4. Gmail에 입증코드 6자리를 입력하고 확인란 체크박스를 클릭한 후, <계속> 단추를 클릭합니다.

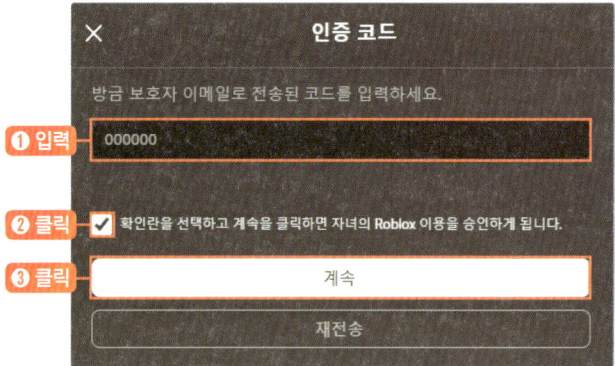

5. 보호자 동의 필요 창에서 필수 체크박스에 체크한 후, <동의> 단추를 클릭합니다.

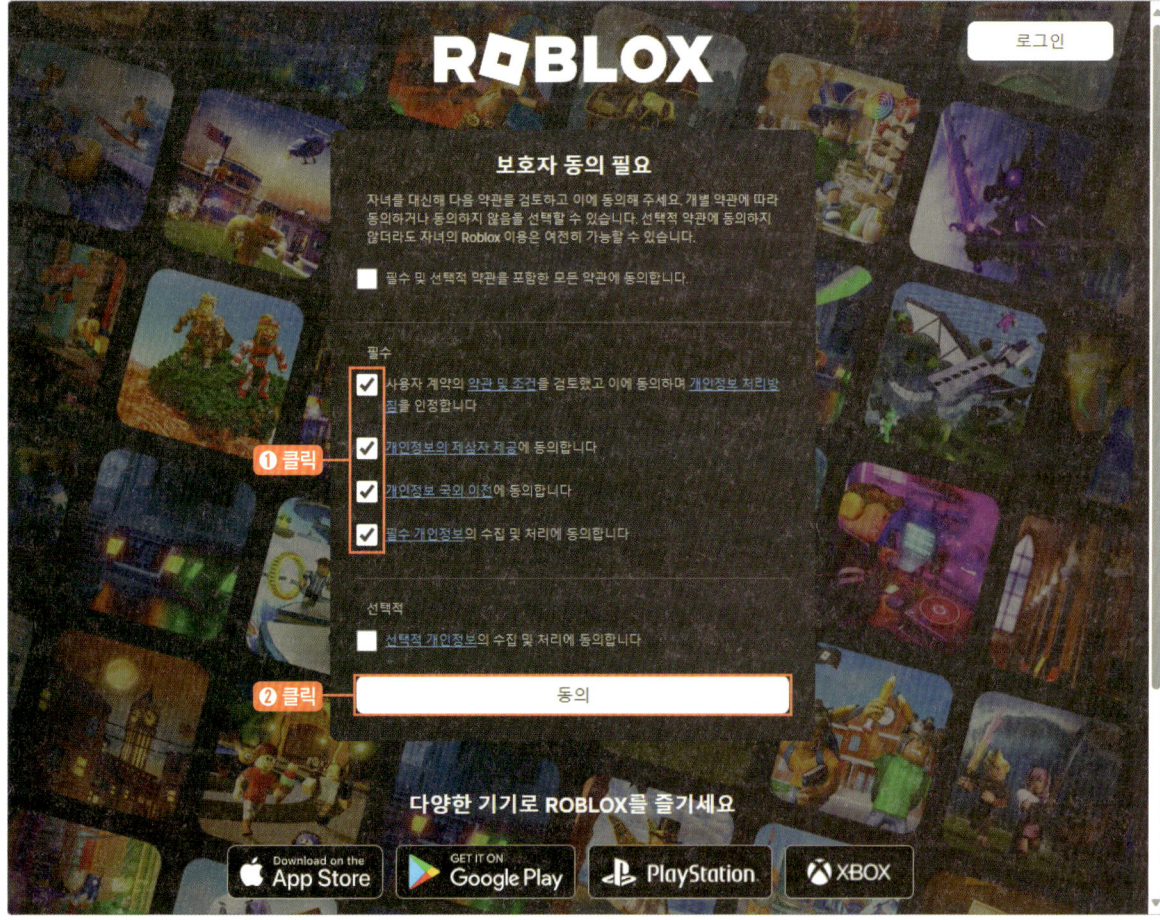

CHAPTER 01 로블록스 가입 & 캐릭터 만들기 **007**

6. 가입된 로블록스 사이트를 확인하고 본인의 아이디와 패스워드를 직접 교재에 적어서 기록합니다.

아이디 　　　　　　　　　　　　비밀번호

✚ 미성년자의 경우에는 부모님의 이메일주소를 입력하고 gmail에 인증코드 6자리를 입력하여야만 회원가입이 완성됩니다.

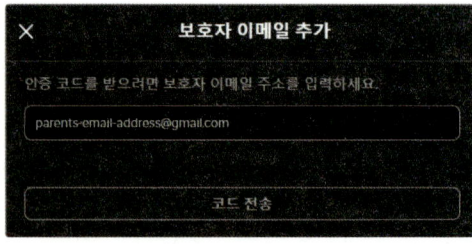

TIP
1명의 gmail 아이디로 총 5명의 자녀의 로블록스 아이디를 생성가능합니다.

02 나만의 아바타 캐릭터 만들기

1. 나만의 캐릭터를 만들기 위해 로블록스 홈에서 [아바타]를 클릭합니다. 이어서, 아바타편집기의 오른쪽 상단 <더 보기> 단추를 클릭합니다.

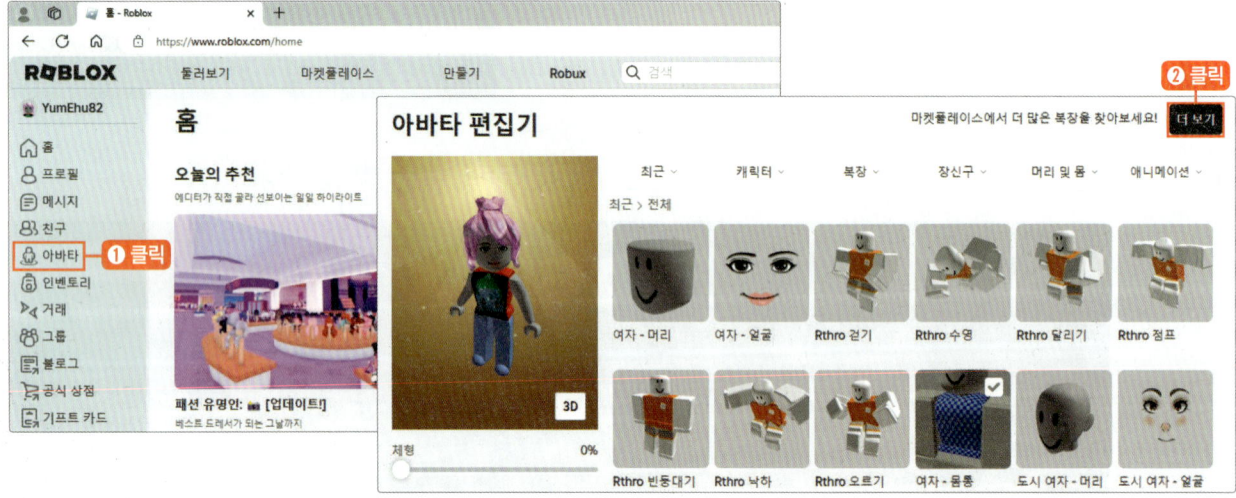

2. 마켓플레이스에 상단의 검색창에 "free"를 입력한 후, Enter 키를 눌러 무료아이템을 찾아봅니다.

TIP
검색창에 'f'만 입력하면 free단어가 목록에 표시됩니다. 목록에 있는 단어를 클릭합니다.

3. 원하는 무료 아이템을 클릭하고 상세 페이지에서 <구매> 단추를 클릭합니다.

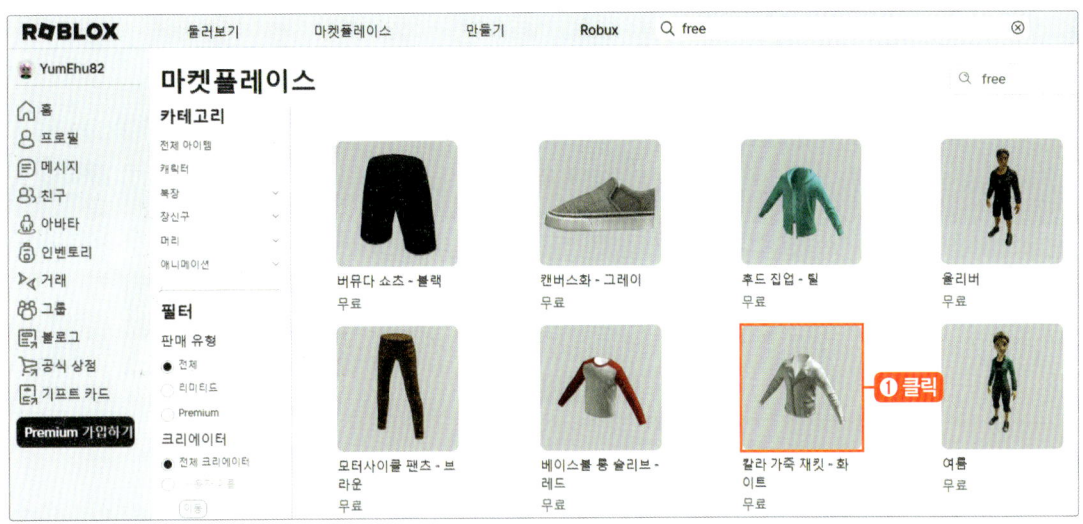

4. 구매한 아이템 획득창이 나타나면 <지금 획득> 단추를 클릭한 후, 구매 완료창의 <나중에> 단추를 클릭합니다.

TIP
아이템에 마우스를 가져가면 나오는 <카트에 추가> 단추를 클릭하여서 빠르게 원하는 아이템을 구매합니다.

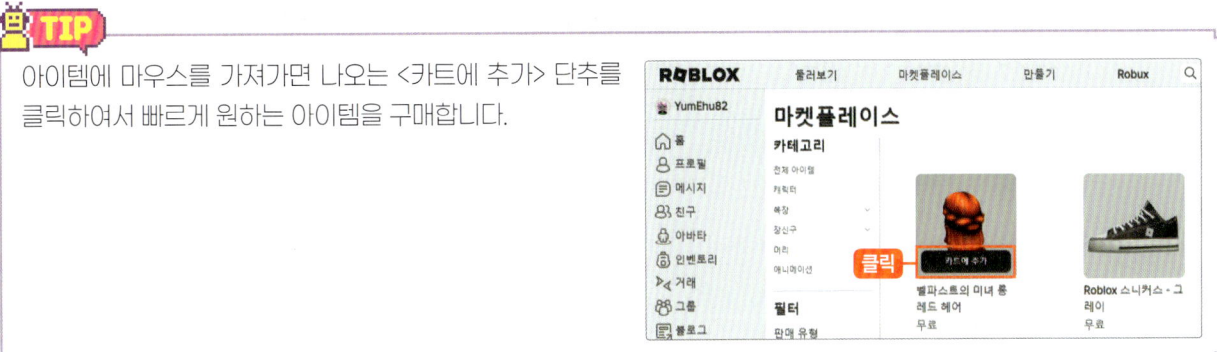

5. 구매한 아이템을 모두 착장해 보기 위해 왼쪽 메뉴의 [아바타]를 클릭합니다.

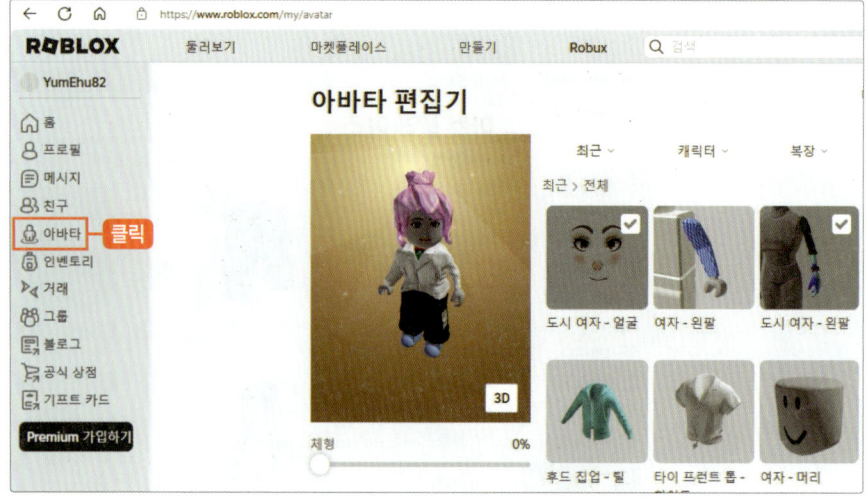

6. 아바타 편집기에서 구매한 아이템을 확인한 다음 아이템의 체크박스를 클릭하여 아이템을 착용합니다.

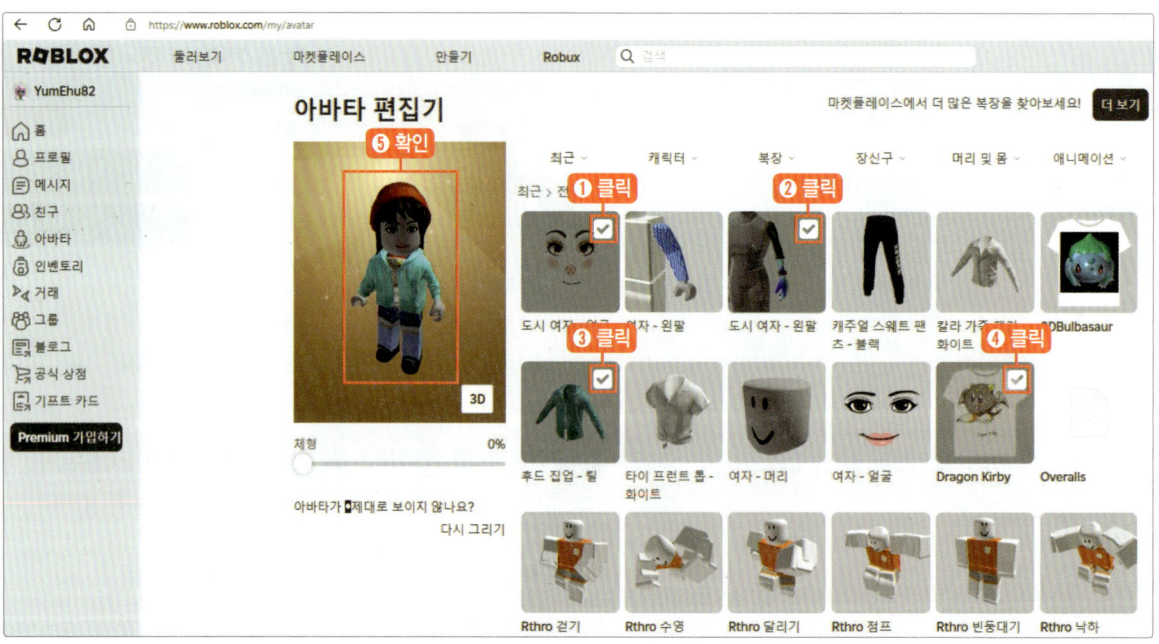

7. 아바타의 피부색을 변경하기 위해 [머리 및 몸]-[피부색]을 선택한 다음 원하는 피부색을 클릭합니다.

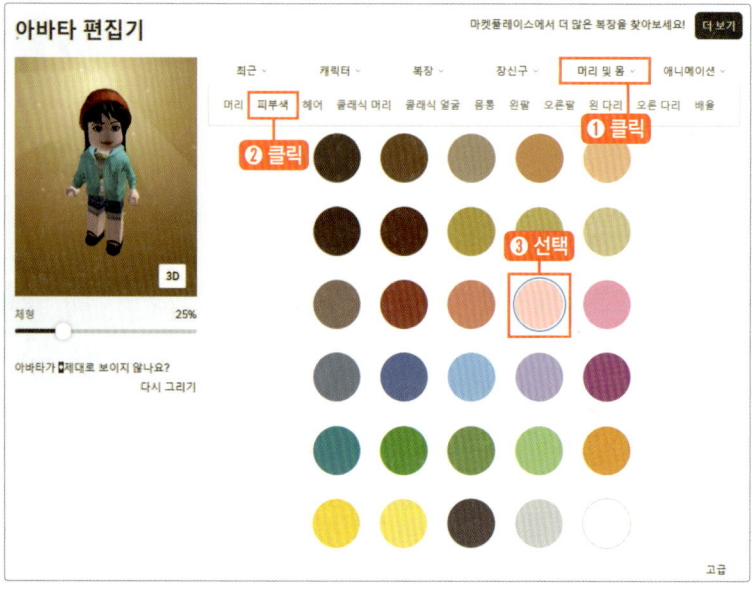

8. [머리 및 몸]-[배율]을 클릭한 다음 [체형]의 슬라이드바를 드래그하여 원하는 아바타체형으로 변경합니다.

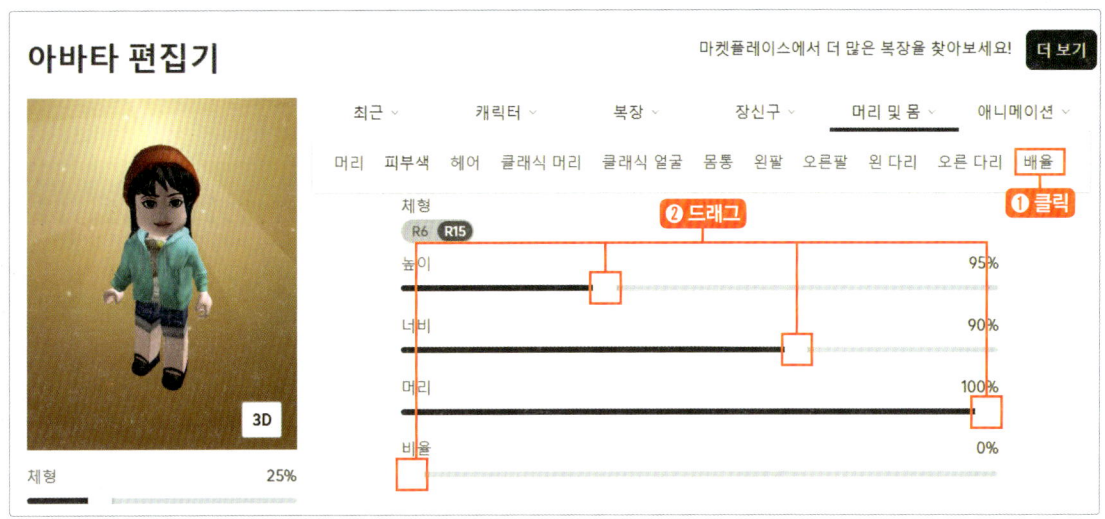

▶ 불러올 파일 : 없음   ▶ 완성된 파일 : 없음

▪ 마켓플레이스에서 내 아바타에 장착할 무료아이템을 찾아보고 아바타를 꾸며봅니다.

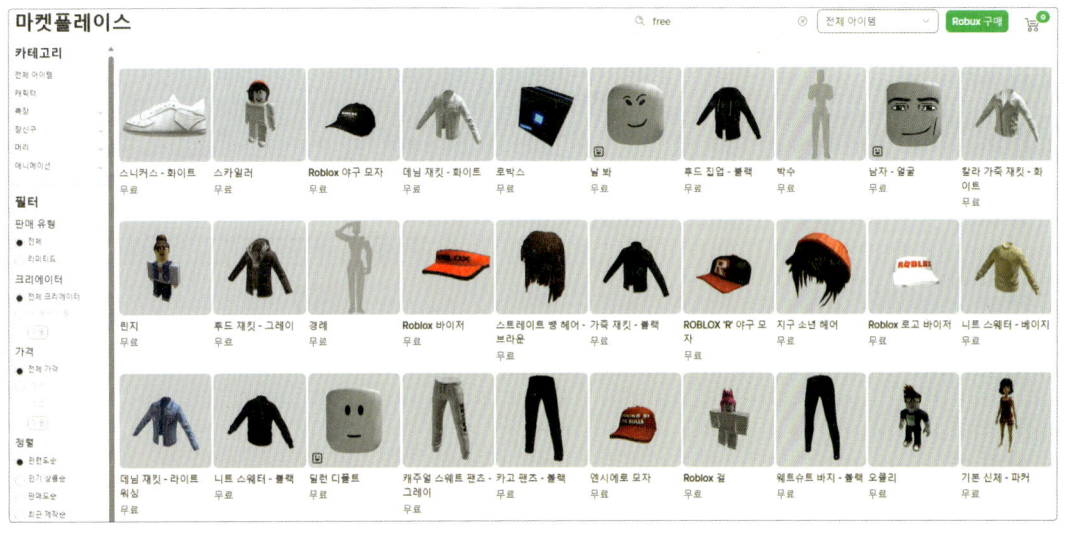

Chapter 02 내가 만든 로블록스 캐릭터 프로필 만들기

▶ 불러올 파일 : 나만의 가상세계 아바타 소개.pptx ▶ 완성된 파일 : 나만의 가상세계 아바타 소개(완성).pptx

 **학습목표**
- 저장된 파일을 불러올 수 있어요.
- 캡처 기능으로 로블록스 아바타를 캡처할 수 있어요.

01 프로필 파일을 불러오기

1. 파워포인트를 실행한 다음 [열기]-[찾아보기]를 클릭합니다. 이어서, [불러올 파일]-[CHAPTER 02]-'나만의 가상세계 아바타 소개.pptx' 파일을 선택한 후, <열기> 단추를 클릭합니다.

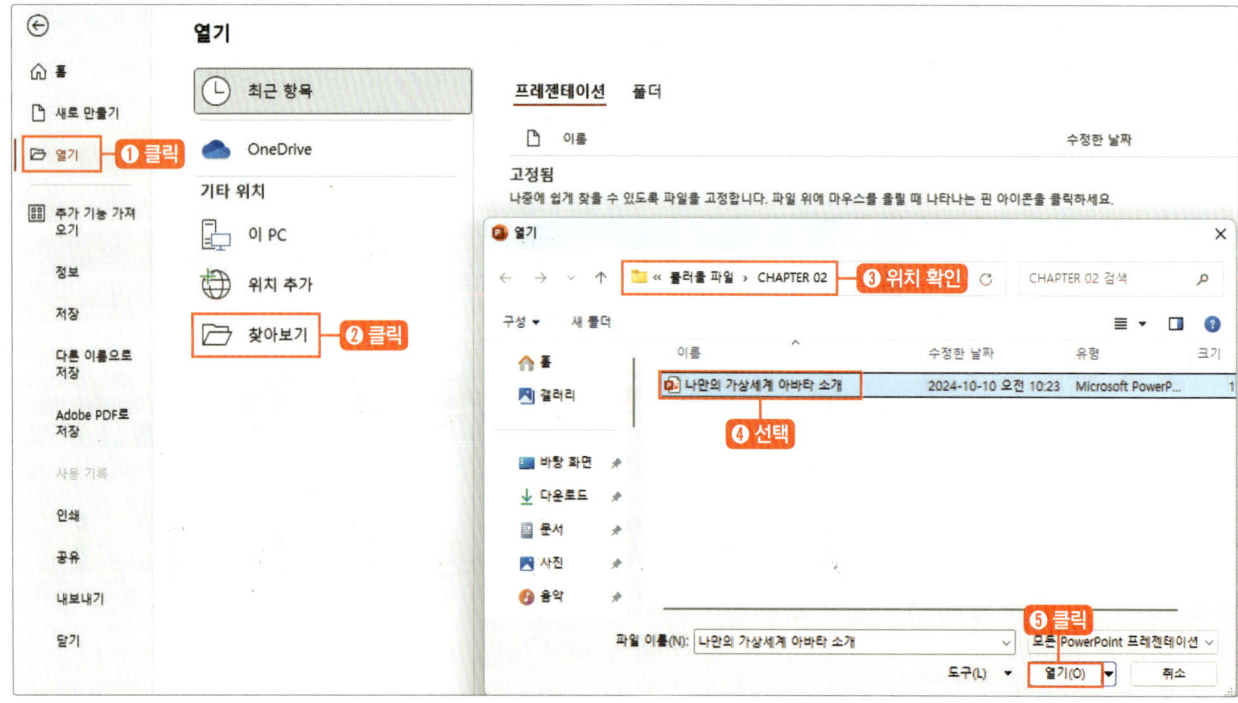

한쇼 2022 [한쇼 2022] 실행-[내 컴퓨터에서 불러오기]

02 도형을 사용하여 나만의 아바타 프로필을 만들어 보기

1. 아바타의 탄생 날짜를 기록하기 위해서 [삽입] 탭-[일러스트레이션] 그룹에서 [도형]- '사각형'-'사각형: 위쪽 모서리의 한쪽은 둥글고 다른 한쪽은 잘림'을 선택합니다.

한쇼 2022
[입력] 탭-[자세히(⌄)]-'한쪽 모서리는 잘리고 다른 쪽 모서리는 둥근 사각형'

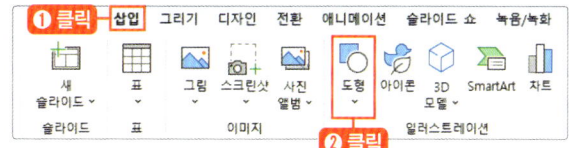

2. 마우스 포인터가 '+'모양으로 변경되면 드래그하여 삽입 위치에 도형을 삽입합니다.

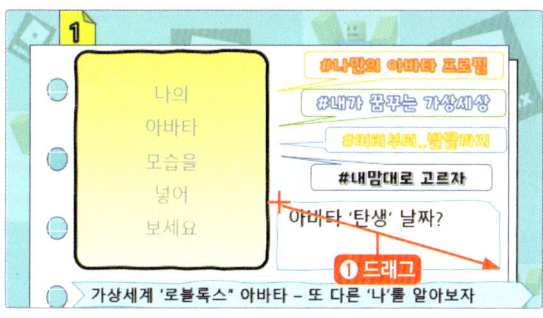

3. 도형을 클릭하고 [도형 서식]-[도형 채우기]-'흰색, 배경1'을 선택합니다.

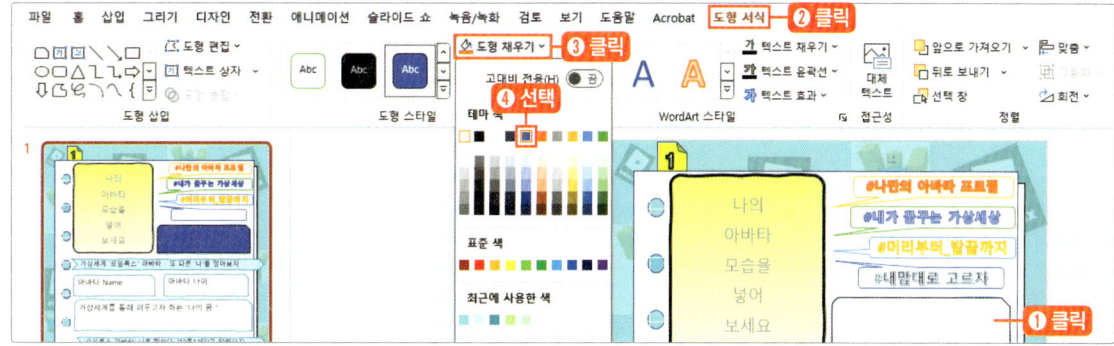

한쇼 2022 [도형( )] 탭-[도형 채우기]-'하양'

4. 도형을 클릭하고 [도형 서식]-[텍스트 채우기]-'검정, 텍스트 1'을 선택합니다.

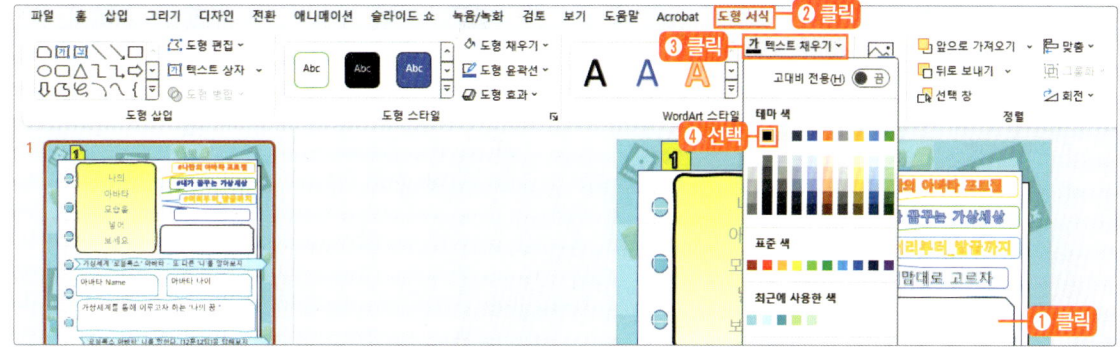

한쇼 2022 [도형( )] 탭-[글자 채우기]-'검정'

5. 도형을 선택하고 '아바타 탄생 날짜를' 입력합니다. 이어서, 같은 방법으로 아바타의 이름, 나이, 나의 꿈을 입력합니다.

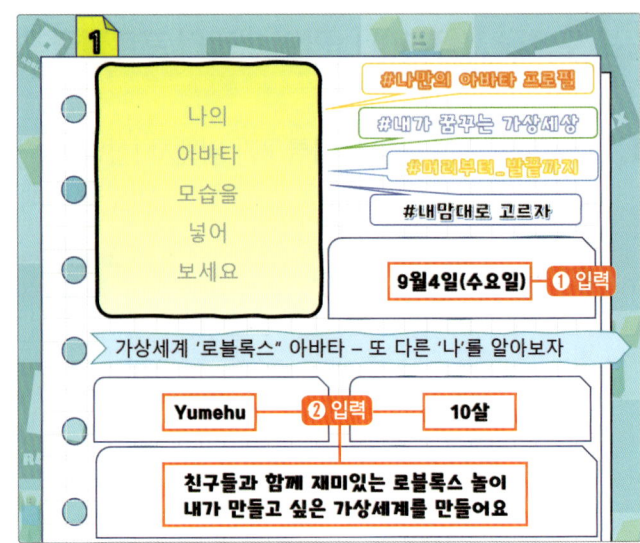

03 로블록스에서 아바타를 캡처해서 파워포인트에 넣기

1. 로블록스(http://www.roblox.com)사이트를 접속하여 아이디와 비밀번호를 입력하고 로그인 후, 왼쪽 상단 아이디를 클릭합니다.

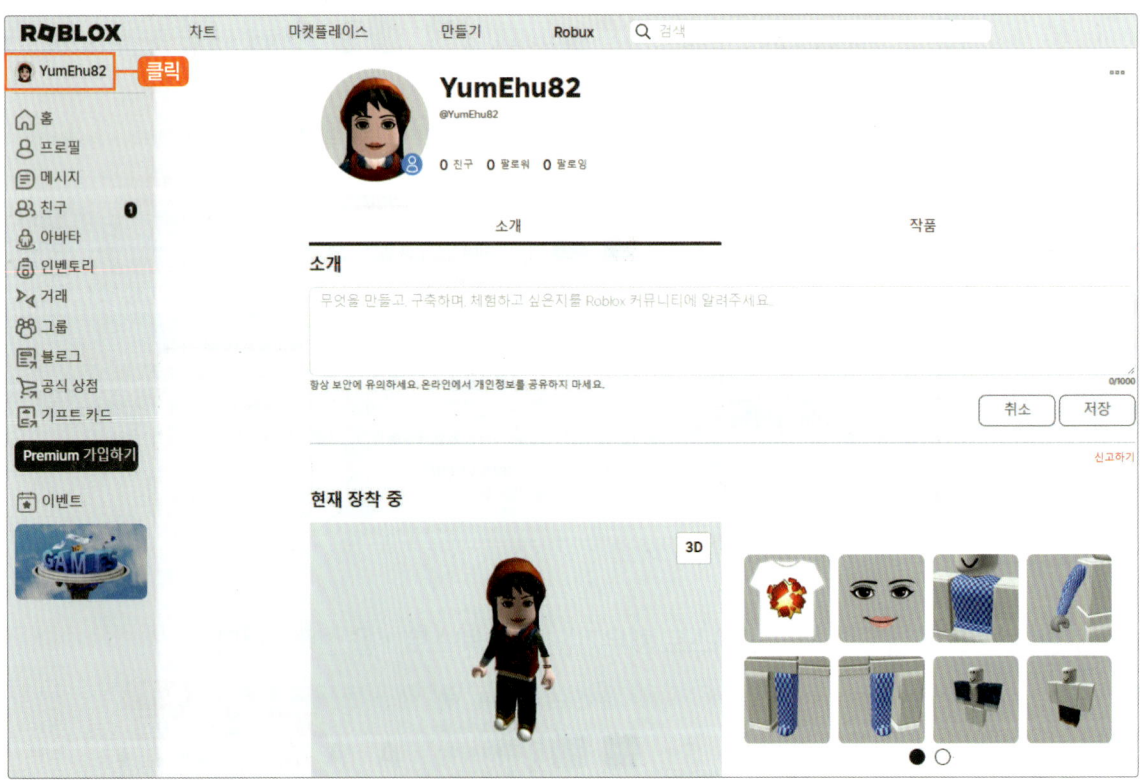

TIP
왼쪽 상단의 로블록스 로고 아래의 아이디를 클릭하면 아바타의 '현재 장착 중' 화면을 볼 수 있습니다.

2. '현재 장착 중' 위치에 있는 아바타 캐릭터에 마우스 오른쪽 단추를 눌러 [이미지 복사]를 클릭합니다.

3. 이미지를 복사한 아바타를 삽입하기 위해서 파워포인트로 돌아와 마우스 오른쪽 단추를 눌러 [붙여넣기 옵션:]-[그림]을 클릭합니다. 나의 아바타 그림이 삽입된 것을 확인합니다.

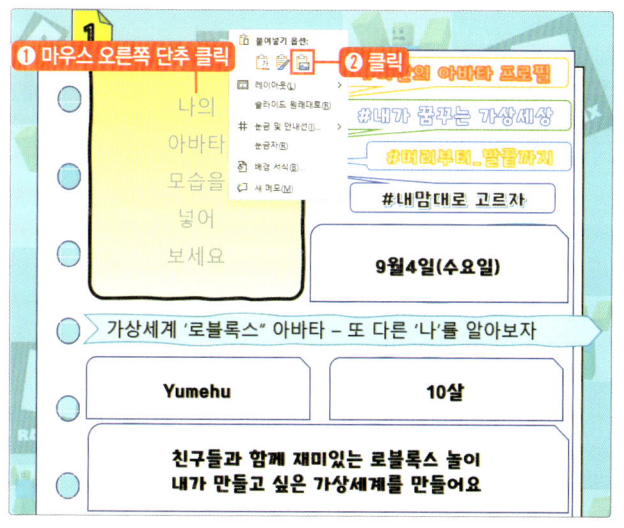 

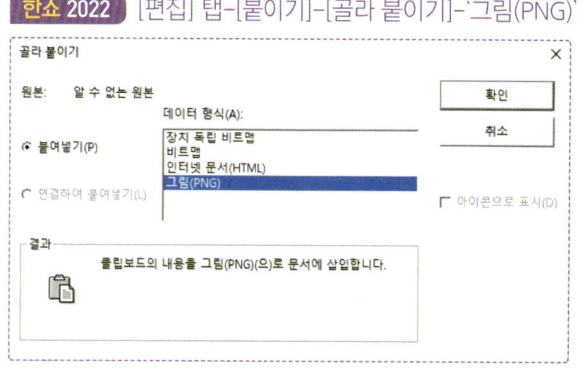

한쇼 2022 [편집] 탭-[붙이기]-[골라 붙이기]-'그림(PNG)'

CHAPTER 02 내가 만든 로블록스 캐릭터 프로필 만들기 **015**

4. 아바타를 다음과 같이 위치를 변경한 다음 아바타의 그림 크기를 조절합니다.

5. 모든 작업이 끝나면 [파일] 탭-[다른 이름으로 저장]-[찾아보기]를 클릭합니다. 이어서, 본인의 폴더에 파일 이름을 '나만의 가상세계 아바타 소개(완성)'을 입력하고 <저장> 단추를 클릭합니다.

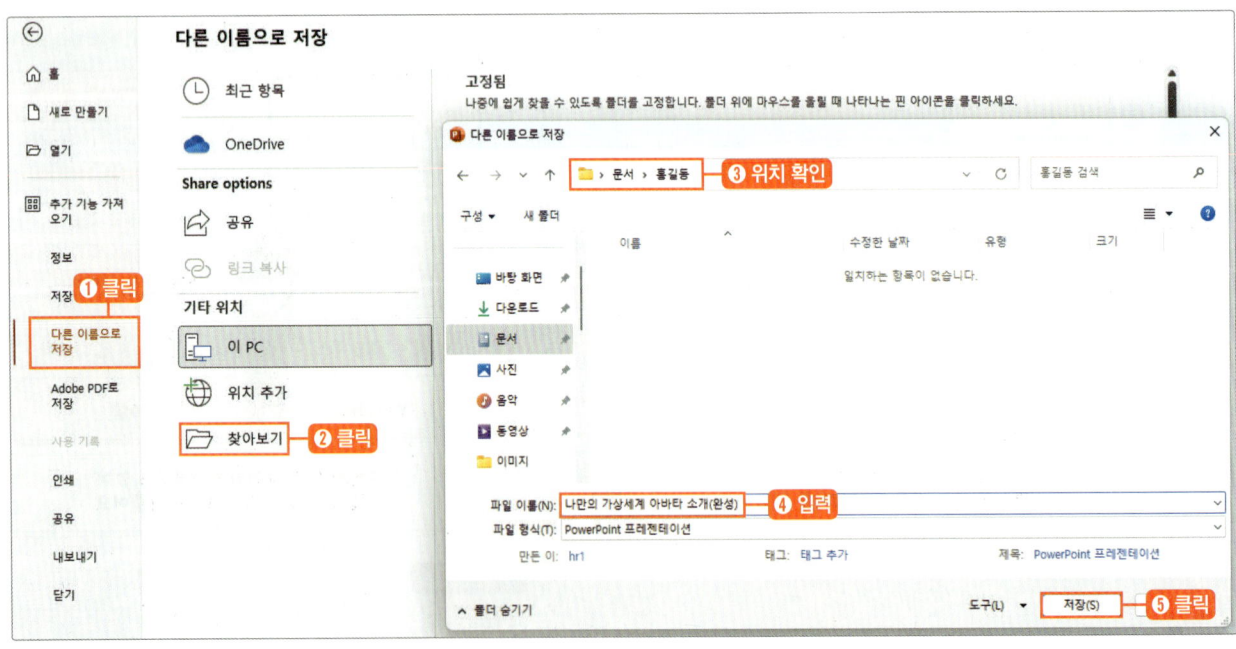

한쇼 2022 [파일]-[다른 이름으로 저장하기]

 **Chapter 02 미션 수행하기**

▶ 불러올 파일 : 미션 수행 01.pptx   ▶ 완성된 파일 : 미션 수행 01(완성).pptx

■ 텍스트 상자 안에 글을 적어서 나만의 아바타 프로필을 완성하자.

'로블록스 아바타' 나를 말한다. [12문12답]을 답해보자

1. 내 성별은?   7. 좋아하는 색은?
2. 가족관계는?   8. 좋아하는 계절은?
3. 내 생일은?   9. 좋아하는 음식은?
4. 별명 있어?   10. 좋아하는 과목은?
5. 지금 다니는 학교는?   11. 취미는 모야?
6. 내 친구는 몇 명?   12. 가장 아끼는 보물1호는?

'로블록스 아바타' 나를 말한다. [12문12답]을 답해보자

1. 내 성별? **여자**   7. 좋아하는 색은? **핑크색**
2. 가족관계는? **엄마,아빠,나**   8. 좋아하는 계절은? **겨울**
3. 내 생일은? **12월7일**   9. 좋아하는 음식은? **떡복이**
4. 별명 있어? **돼지국밥**   10. 좋아하는 과목은? **컴퓨터**
5. 지금 다니는 학교는? **아소초**   11. 취미는 모야? **그림 그리기**
6. 내 친구는 몇 명? **4명**   12. 가장 아끼는 보물1호는? **돈**

Chapter 03 로블록스 세상 구경하기, 아바타 포즈 변경해 보기

▶ 불러올 파일 : 없음 ▶ 완성된 파일 : 없음

 학습목표

- 로블록스 스튜디오를 둘러보며 사용법을 알아보자
- 만들어진 로블록스 세상을 구경하며 만든 작품을 경험해 보자.
- 로블록스 player를 사용해서 아바타 포즈를 변경할 수 있어요.

01 로블록스 세상 구경하며 트렌드를 알아보고 체험하기

1. 로블록스를 로그인한 다음 홈 상단의 [둘러보기]를 클릭하고 [톱 트렌드]를 클릭합니다.

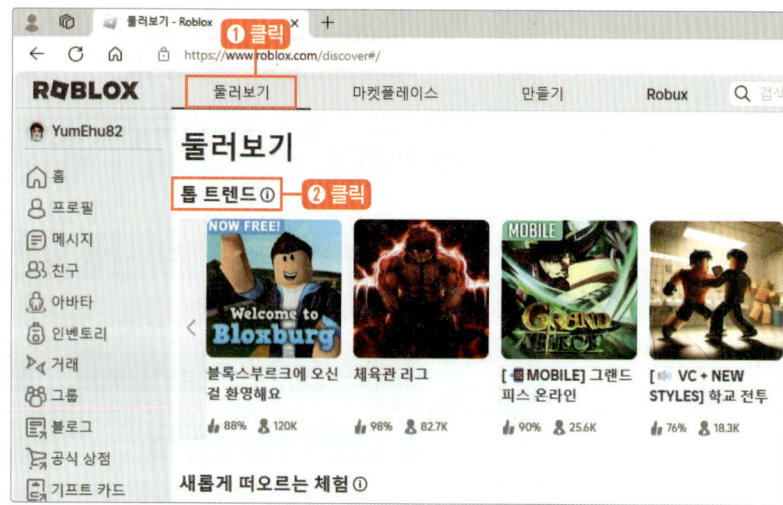

2. 원하는 주제를 클릭한 다음 게임의 설명을 읽어보고 ▶ 단추를 클릭합니다.

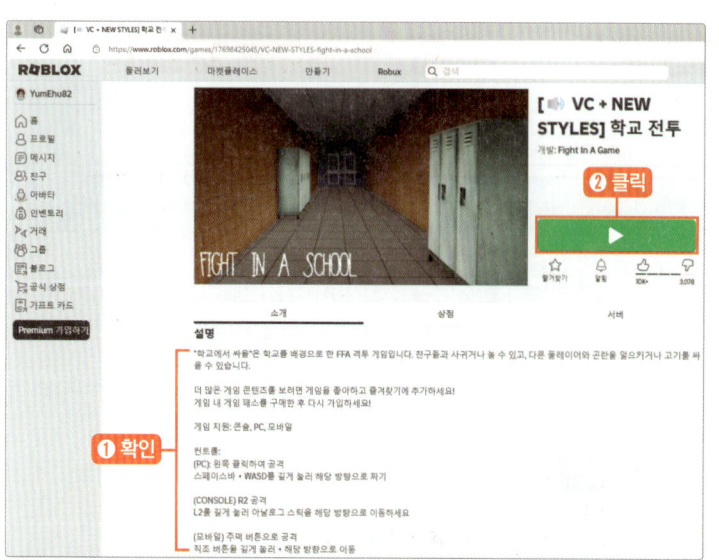

3. <Roblox 다운로드 및 설치> 단추를 클릭한 다음 우측 상단의 'RobloxPlayer.exe' 파일의 '파일 열기'를 클릭합니다. 이어서, 설치가 완료되면 <참가> 단추를 클릭합니다.

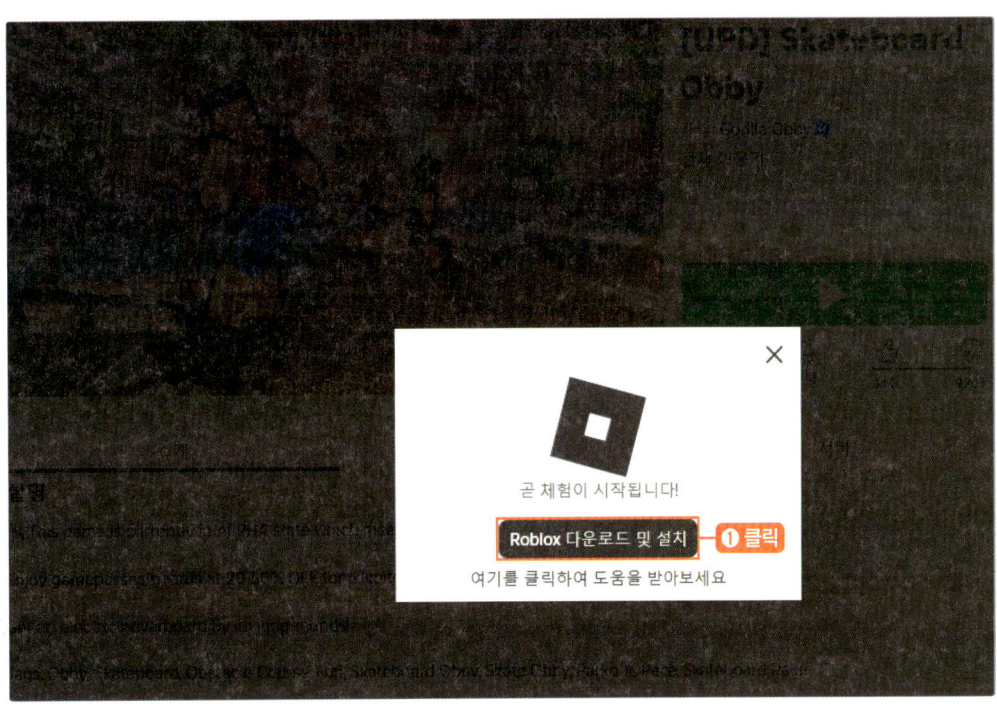

TIP
로블록스 체험을 하려면 로블록스 palyer가 설치되어 있어야만 실행이 가능합니다. 다음과 같은 메시지창이 열리면 '항상 허용'를 체크한 다음 <열기> 단추를 클릭합니다.

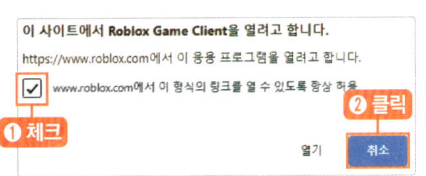

4. 게임을 직접 체험한 다음 Esc 키를 누르고 <나가기> 단추를 클릭하여 체험을 빠져나옵니다.

 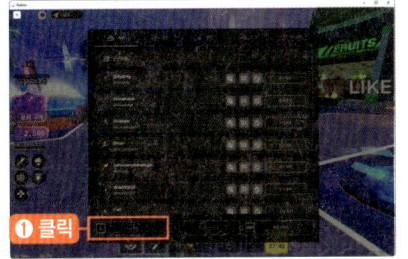 

02 로블록스 player 사용해서 아바타 포즈를 변경하기

1. 바탕화면에서 Roblox Player( ) 아이콘을 더블클릭한 다음 왼쪽 메뉴 중 [아바타]를 클릭합니다.

2. 상단 [마켓플레이스]-[애니메이션]을 클릭한 다음 [박수]를 클릭하고 아바타가 움직이는 모습을 확인합니다. 이어서, 애니메이션이 마음에 들면 <무료> 단추를 클릭해서 아이템을 획득합니다.

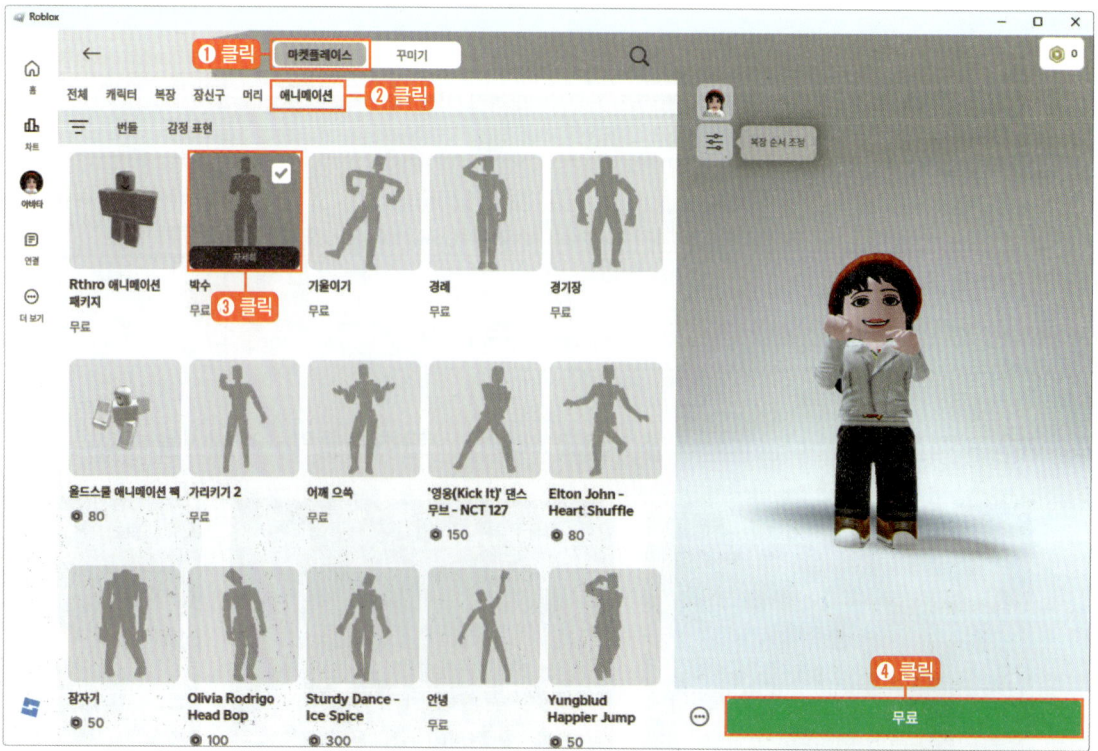

3. [마켓플레이스]에서 머리, 장신구, 복장, 캐릭터등을 체험하면서 원하는 아바타의 모습을 찾아봅니다.

03 로블록스 스튜디오를 설치하여 템플릿 사용법을 익혀보자

1. 로블록스(http://www.roblox.com)사이트를 접속하여 오른쪽 상단 <로그인> 단추를 클릭하고 로그인을 합니다. 그리고 상단 메뉴의 [만들기]를 클릭한 후, 화면 중앙 <만들기 시작하기> 단추 클릭합니다.

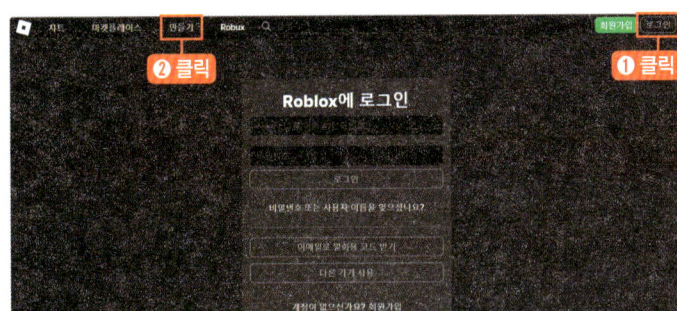
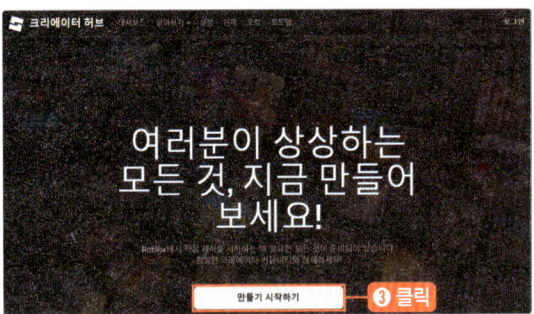

2. 항상 허용에 체크한 후, <Roblox Protocal열기> 단추를 클릭합니다. 이어서, <Studio 다운로드> 단추를 클릭합니다.

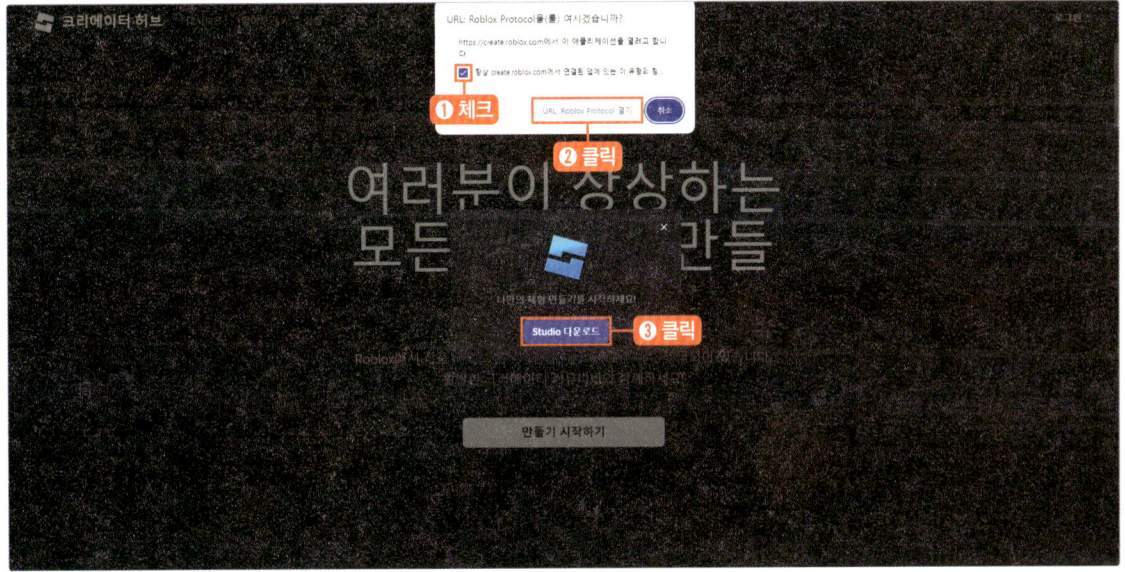

> **TIP**
> 로블록스 사이트에서 로그인이 되어있는 경우에는 [만들기] 클릭 후, 왼쪽 메뉴의 하단에 [스튜디오]를 클릭합니다. 항상 허용에 체크를 하고 <열기> 단추를 클릭합니다. 이어서, Studio 다운로드를 <단추> 클릭하고 설치합니다.
>
>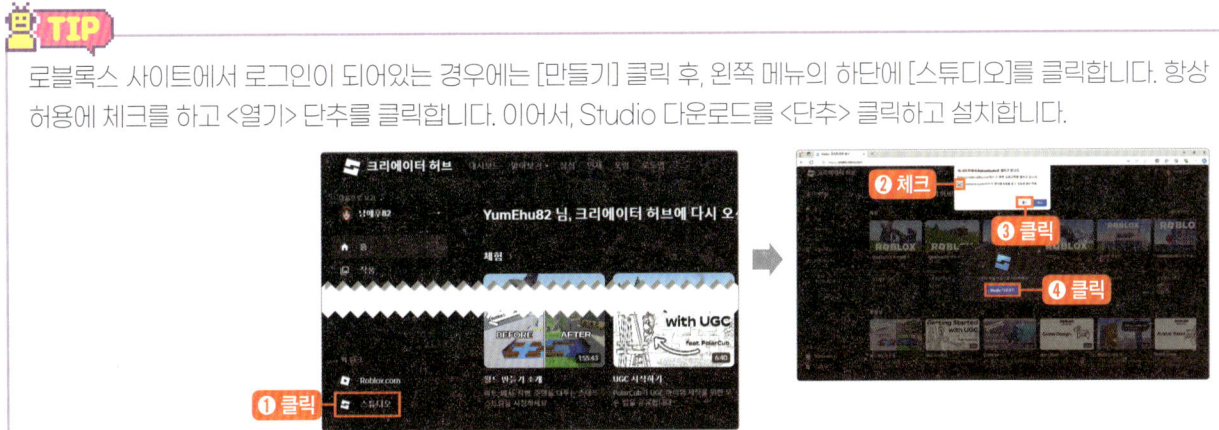

3. 상단 오른쪽에 다운로드가 완료된 RobloxStudioInstaller.exe 파일을 클릭하고 설치를 진행합니다.

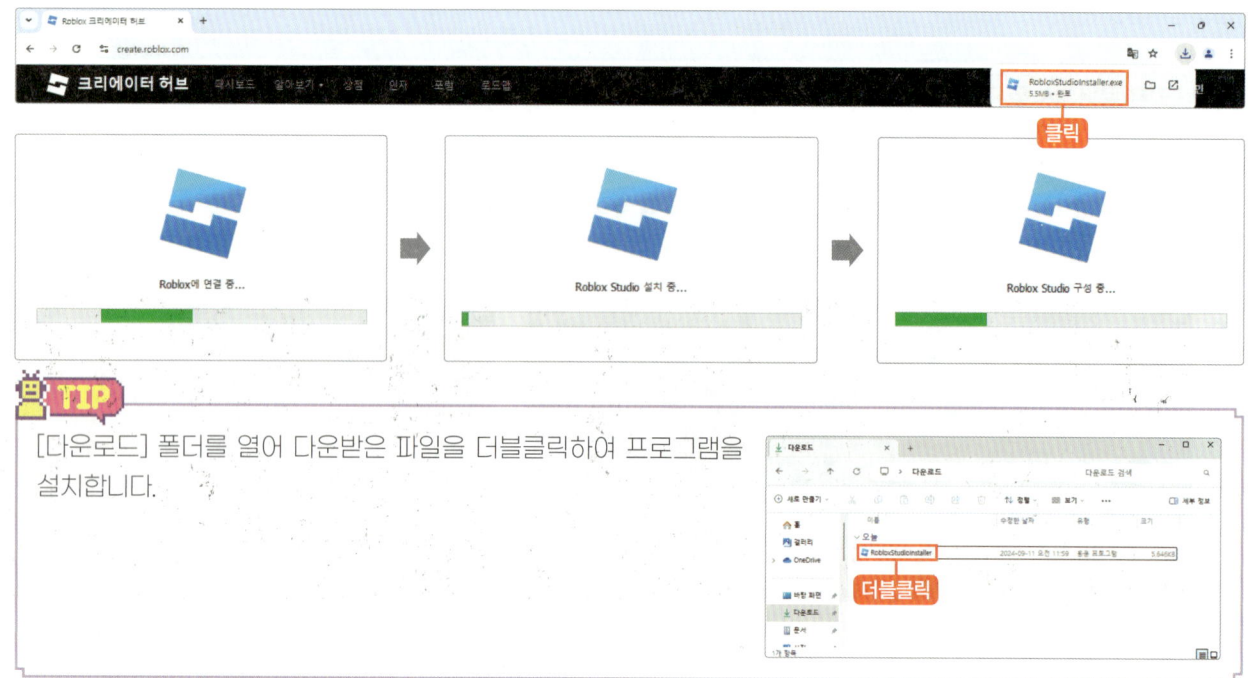

[다운로드] 폴더를 열어 다운받은 파일을 더블클릭하여 프로그램을 설치합니다.

4. 바탕화면에 설치된 로블록스 스튜디오 아이콘을 더블클릭하여 실행합니다. 이어서, 로블록스와 동일한 아이디와 비밀번호를 입력한 후, <로그인> 단추를 클릭합니다.

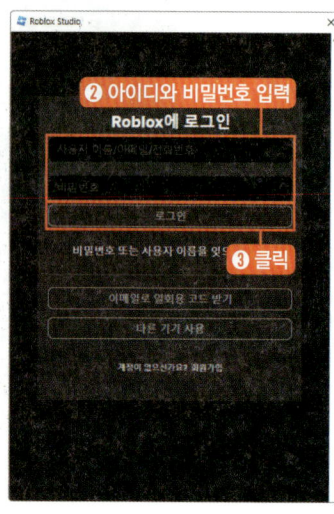

5. 로블록스 스튜디오(Roblox studio)에서 [템플릿]-[Village]를 클릭합니다.

6. 'Village' 템플릿 화면을 회전시키는 방법을 알아봅니다.
    ※ 방법1 : 마우스의 오른쪽 단추를 클릭한 상태로 드래그합니다.
       방법2 : 오른쪽 상단 주사위 모양의 단추를 마우스 오른쪽 단추를 클릭한 상태로 드래그 합니다.

7. 'Village' 템플릿 화면을 이동하는 방법을 알아봅니다.
    ※ 방법1 : 마우스의 휠을 누른 상태로 드래그해서 위, 아래, 왼쪽, 오른쪽으로 이동합니다.
       방법2 : 키보드의 A, D 키를 눌러서 왼쪽, 오른쪽으로 이동합니다.

8. 'Village' 템플릿 화면을 확대하거나 축소하는 방법을 알아봅니다.
    ※ 방법1 : 마우스의 휠을 밀거나 당겨서 확대 또는 축소 합니다.
       방법2 : 키보드의 W, S 키를 눌러서 확대 또는 축소 합니다.

9. 'Village' 템플릿 화면을 테스트해 보기 위해서 [홈] 탭-[플레이]를 클릭합니다.

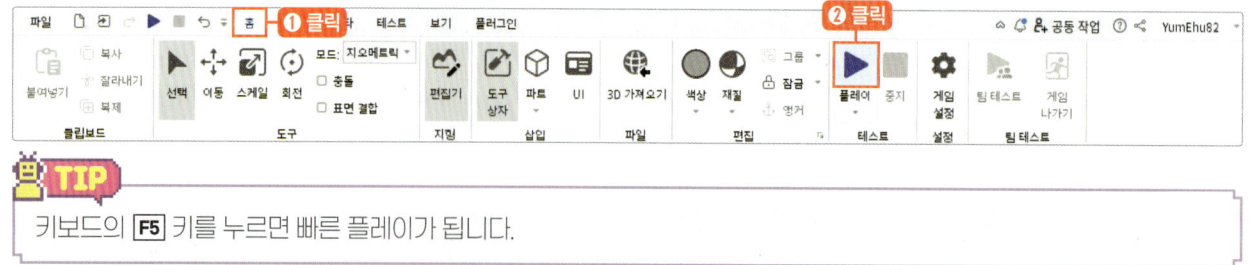

> **TIP**
> 키보드의 F5 키를 누르면 빠른 플레이가 됩니다.

10. 'Village' 템플릿이 실행되면 키보드를 이용하여 아바타를 움직이며 실습해 봅니다.

　※ 이동 : W, A, S, D

　점프 : Space bar

　화면 회전 : 마우스 오른쪽 단추를 클릭한 상태로 드래그 또는 방향키 ←, →

11. 'Village' 템플릿을 종료하기 위해서 [홈] 탭-[중지]를 클릭합니다.

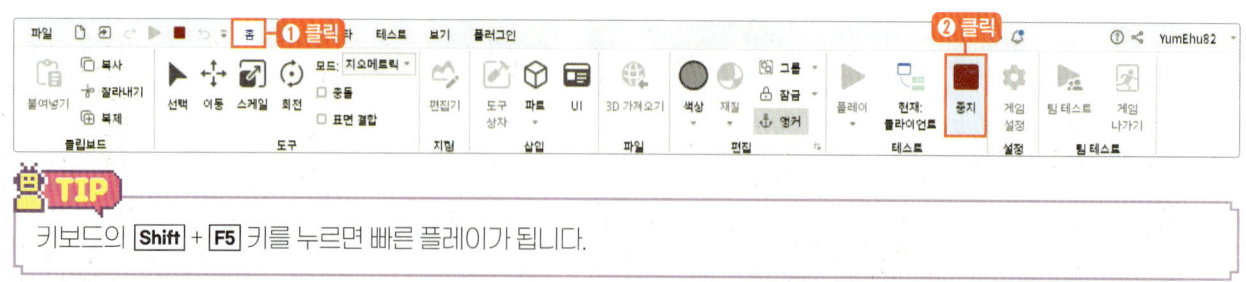

> **TIP**
> 키보드의 Shift + F5 키를 누르면 빠른 플레이가 됩니다.

 **Chapter 03 미션 수행하기**

▶ 불러올 파일 : 없음   ▶ 완성된 파일 : 없음

- 내가 체험한 경험중에 마음에 드는 가상 세상을 기록합니다.

  ※ 다음 시간에 수업하는 '나의 가상 세계 플랜! 프로젝트'에 활용되는 자료입니다.

콘텐츠 제목		콘텐츠 제목	
이용 나이		이용 나이	
콘텐츠 내용 or 설명		콘텐츠 내용 or 설명	
체험 방법		체험 방법	
재미는 내용 or 따라 하고 싶은 체험		재미는 내용 or 따라 하고 싶은 체험	

- 로블록스 스튜디오(Roblox studio)에서 다음 템플릿을 실행해 봅니다.

  - 'Classic Obby' 템플릿 화면을 이동, 회전, 확대와 축소를 해봅니다.
  - 'Classic Obby' 템플릿 화면을 테스트해 봅니다.
  - 'Classic Obby'를 다니며 점프하며 점프맵 세상을 알아봅니다.

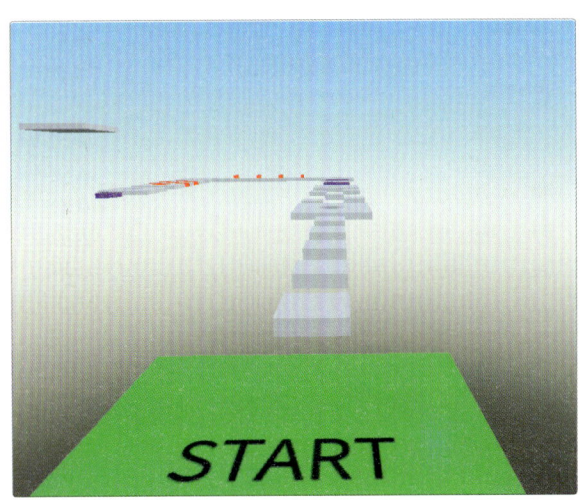

Chapter 04 내가 만들고 싶은 세상 소개하기

▶ **불러올 파일** : 나의 가상세계 플랜! 프로젝트.pptx   ▶ **완성된 파일** : 나의 가상세계 플랜! 프로젝트(완성).pptx

 **학습목표**
- 로블록스에서 만든 작품 중에 자신이 만들고자 하는 세상을 소개할 수 있습니다.
- 콘텐츠를 캡처해서 소개하고 나만의 계획을 만들 수 있습니다.

01 프로젝트 내용 입력하기

1. 파워포인트를 실행 다음 [열기]-[찾아보기]를 클릭합니다. 이어서, [불러올 파일]-[CHAPTER 04]-'나만의 가상세계 플랜! 프로젝트.pptx' 파일을 선택한 후, <열기> 단추를 클릭합니다.

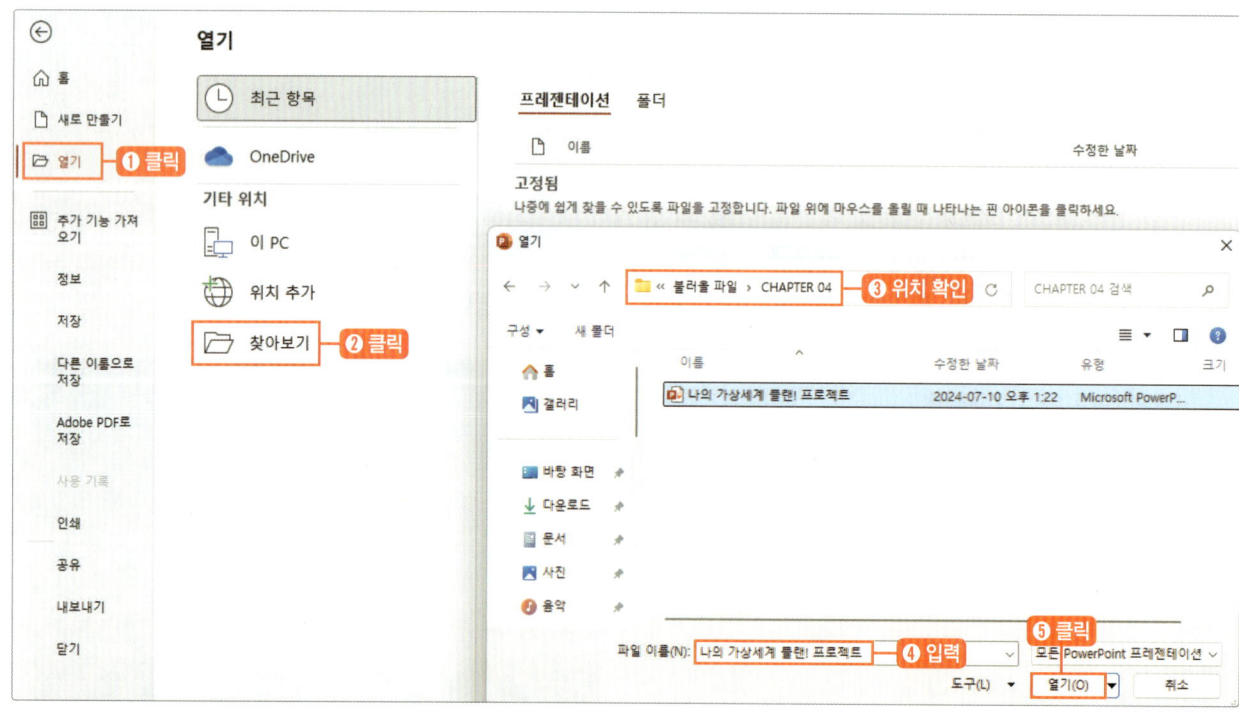

한쇼 2022 [한쇼 2022] 실행-[내 컴퓨터에서 불러오기]

2. 텍스트 상자 안을 클릭하고 콘텐츠의 제목, 체험 방법, 이용 나이를 적어 넣습니다.

   ※ 글상자를 클릭하면서 정확한 입력 위치를 확인한 다음 글자를 입력해야 합니다.

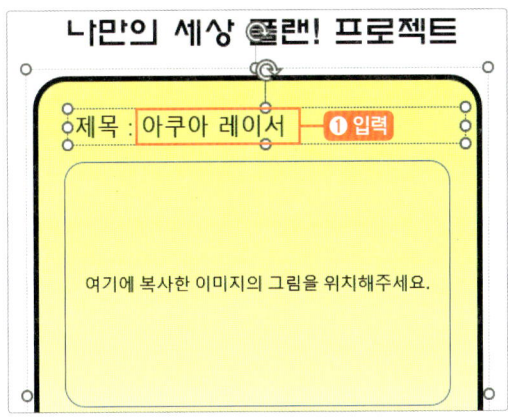
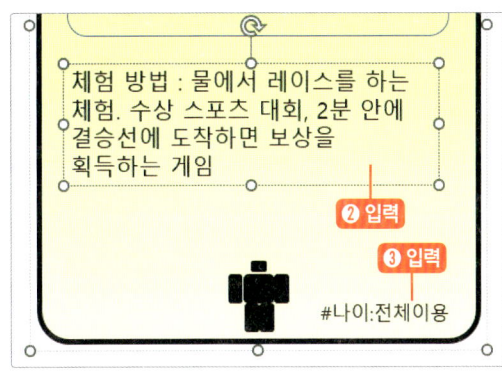

02 프로젝트 이미지 완성하기

1. 로블록스 상단 검색창에 '아쿠아 레이서'를 입력하고 Enter 키를 누른 후, 다음 검색된 [아쿠아 레이서]를 클릭합니다.

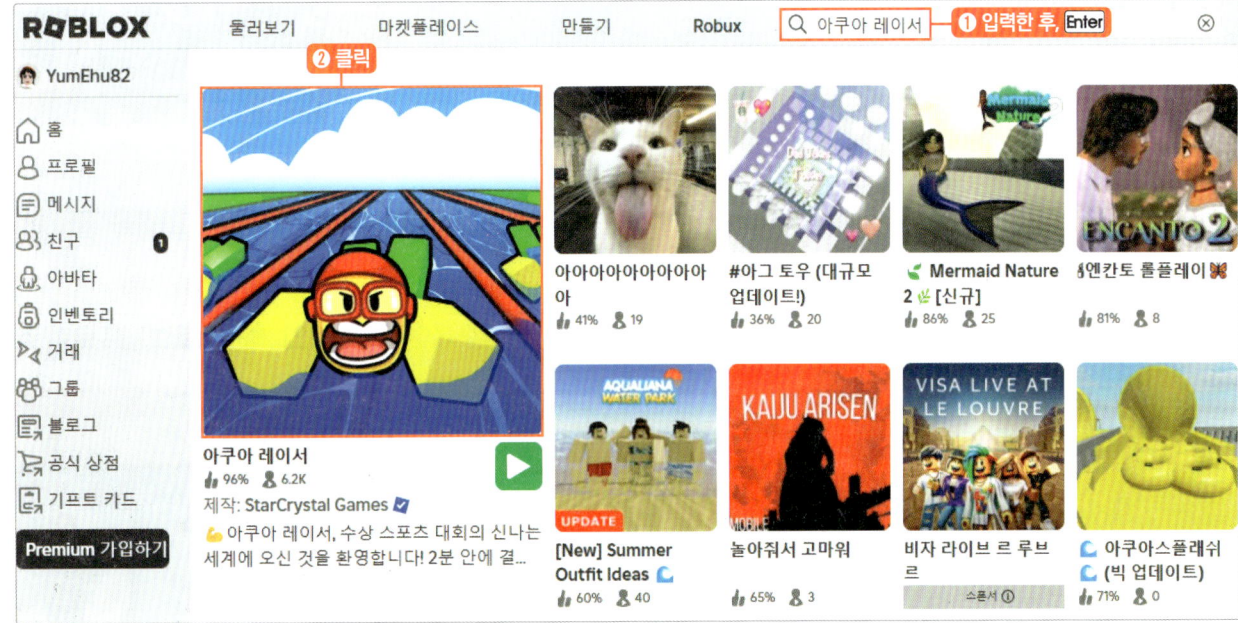

CHAPTER 04 내가 만들고 싶은 세상 소개하기 **027**

2. [아쿠아 레이서] 대표 이미지에서 마우스 오른쪽 단추를 눌러 [이미지 복사]를 클릭합니다.

> **TIP**
> 콘텐츠의 ▷ 단추를 클릭하면 원하는 그림을 찾아서 이미지를 복사할 수 있습니다.

3. 파워포인트로 돌아와 왼쪽 흰색 배경에 마우스 오른쪽 단추를 눌러 [붙여넣기 옵션:]-[그림]을 클릭합니다. 그림을 넣는 부분에 위치를 변경하고 크기를 조절합니다.

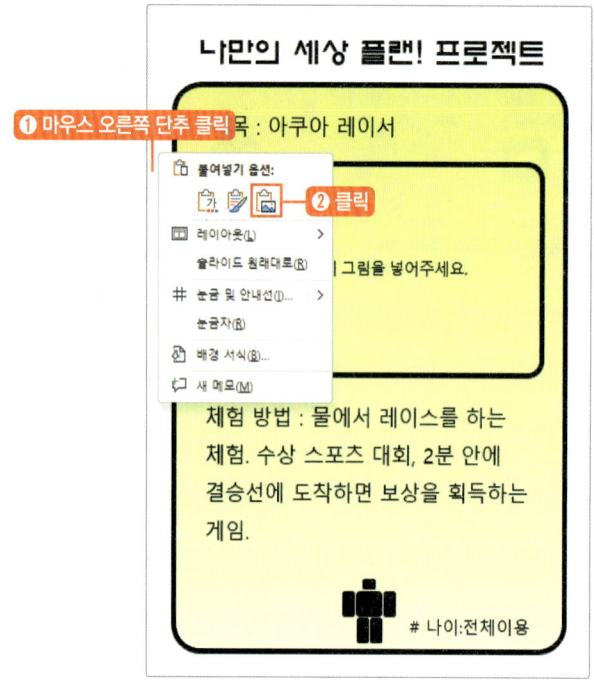

한쇼 2022   [편집] 탭-[붙이기]-[골라 붙이기]-'그림(PNG)'

4. 그림을 클릭하고 [그림 서식]-[자르기]-[도형에 맞춰 자르기]-'사각형: 둥근 모서리 도형'을 선택합니다.

한쇼 2022   [그림(🎤)] 탭-[그림 도형]-'모서리가 둥근 직사각형'

5. [그림 서식]-[그림 테두리]-[두께]-'6pt'를 선택하여 그림의 테두리를 완성합니다.

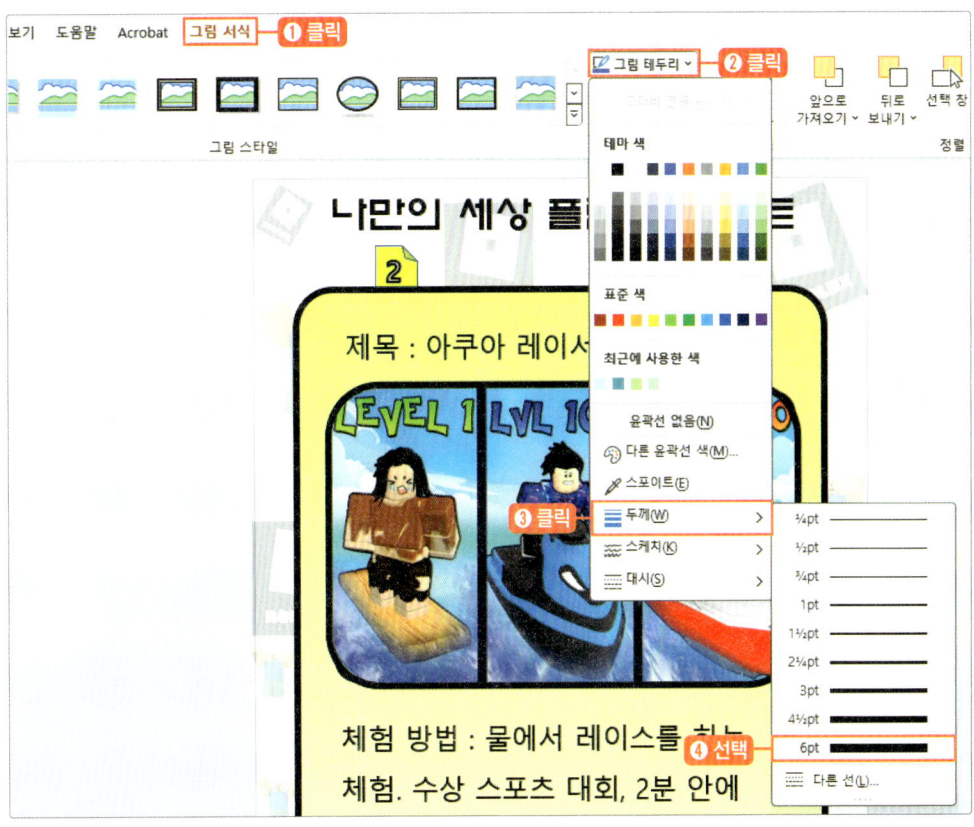

한쇼 2022   [그림(🎤)] 탭-[그림 테두리]-[선 굵기]-'6pt'

6. 그림이 선택된 상태에서 노란색 조절점을 마우스 왼쪽 단추를 눌러 조절하면 둥근 모서리를 조절할 수 있습니다.

7. 모든 작업이 끝나면 [파일] 탭-[다른 이름으로 저장]-[찾아보기]를 클릭합니다. 이어서, 본인의 폴더에 파일 이름을 '나의 가상세계 플랜! 프로젝트(완성)'으로 입력하고 <저장> 단추를 클릭합니다.

`한쇼 2022` [파일]-[다른 이름으로 저장하기]

 **Chapter 04 미션 수행하기**

▶ **불러올 파일** : 미션 수행 01.pptx   ▶ **완성된 파일** : 미션 수행 01(완성).pptx

▪ 내가 체험한 경험 중에 마음에 드는 가상 세상을 제목, 체험 방법, 이용 나이, 이미지 복사 기능을 활용하여 완성해 봅니다.

※ 3차시 수업에 미션 수행하기에서 필기한 내용을 입력합니다.

Chapter 05 파워포인트로 만드는 나만의 아바타 콘테스트

▶ 불러올 파일 : 아바타콘테스트.pptx   ▶ 완성된 파일 : 아바타콘테스트(완성).pptx

 **학습 목표**
- 아바타를 변경해서 이미지를 캡처해서 그림을 넣을 수 있어요.
- 캡처된 나만의 아바타의 제목을 넣고 꾸밀 수 있어요.

01 캡처도구를 활용하여 아바타 이미지를 저장하기

1. [로블록스 player]를 클릭하고 로그인합니다. 왼쪽 메뉴의 [아바타]를 클릭합니다.

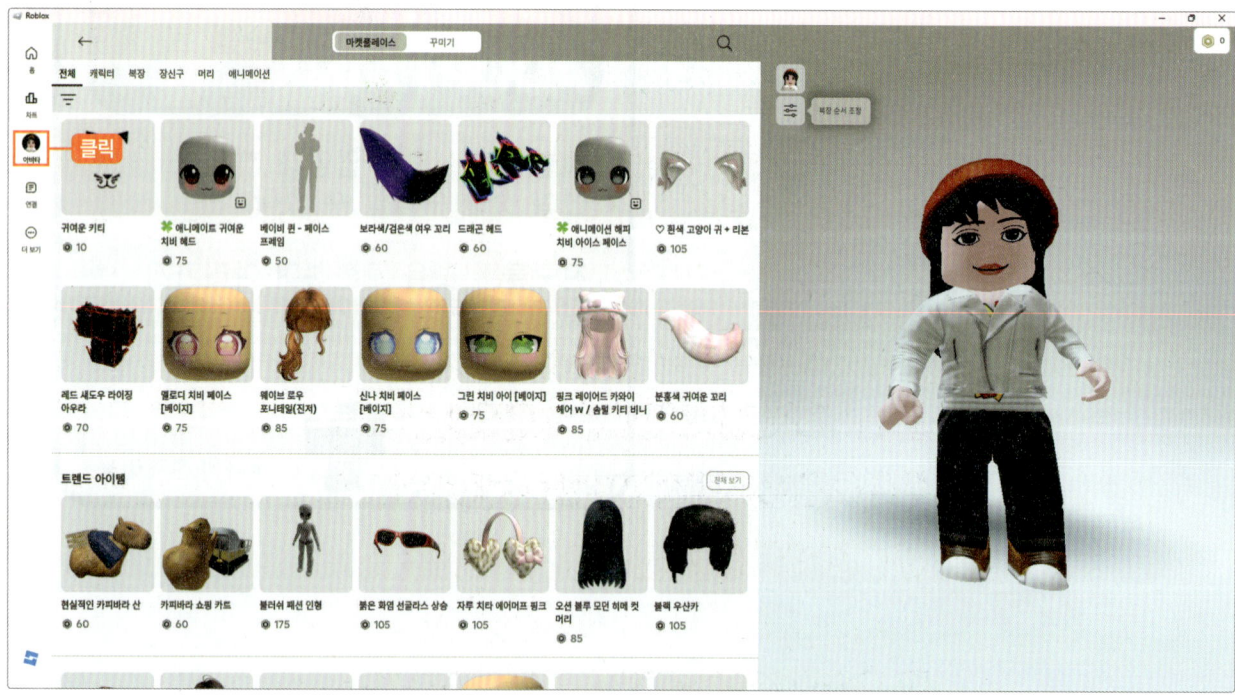

2. 캐릭터 콘테스트를 위해 원하는 아이템을 클릭하고 착용합니다. 이어서, [시작]-[모든 앱]-[캡처 도구]를 실행한 다음 <새 캡처> 단추를 클릭한 다음 아바타를 드래그합니다.

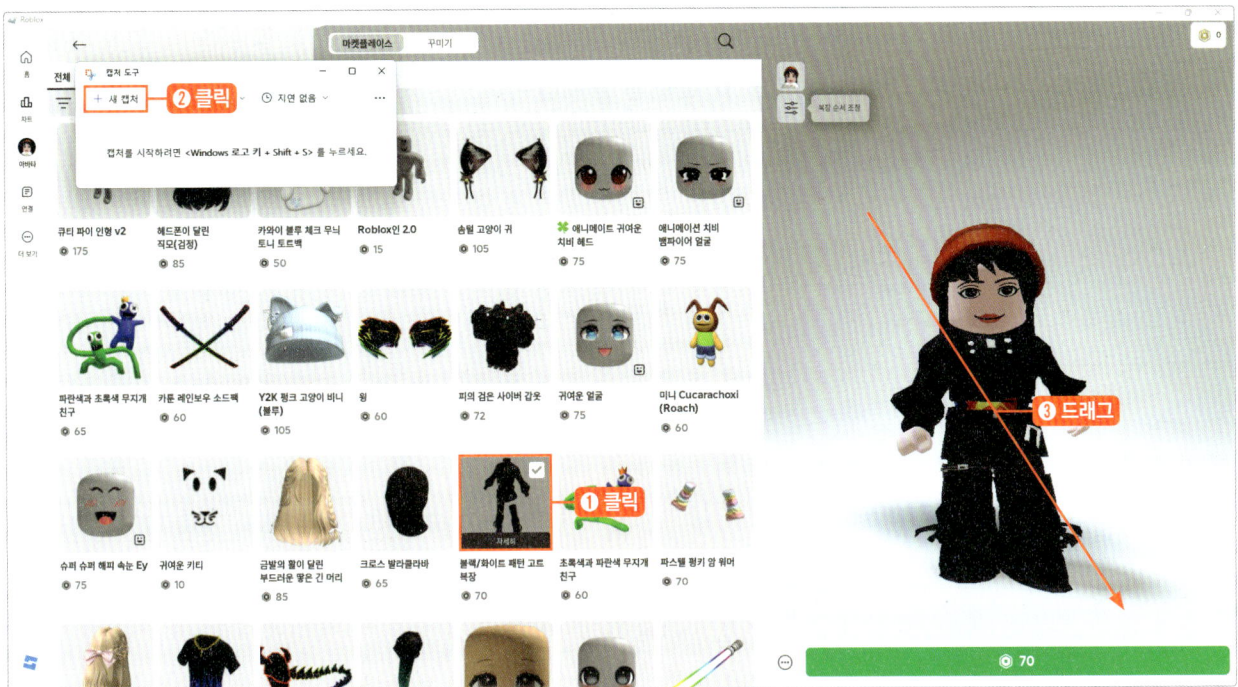

3. 캡처된 이미지를 저장하기 위해서 오른쪽 상단 <다른 이름으로 저장하기> 단추를 클릭합니다. 이어서, [다른 이름으로 저장] 대화상자가 나오면 본인 폴더에 파일 이름을 "아바타1"로 입력하고 <저장> 단추를 클릭합니다.

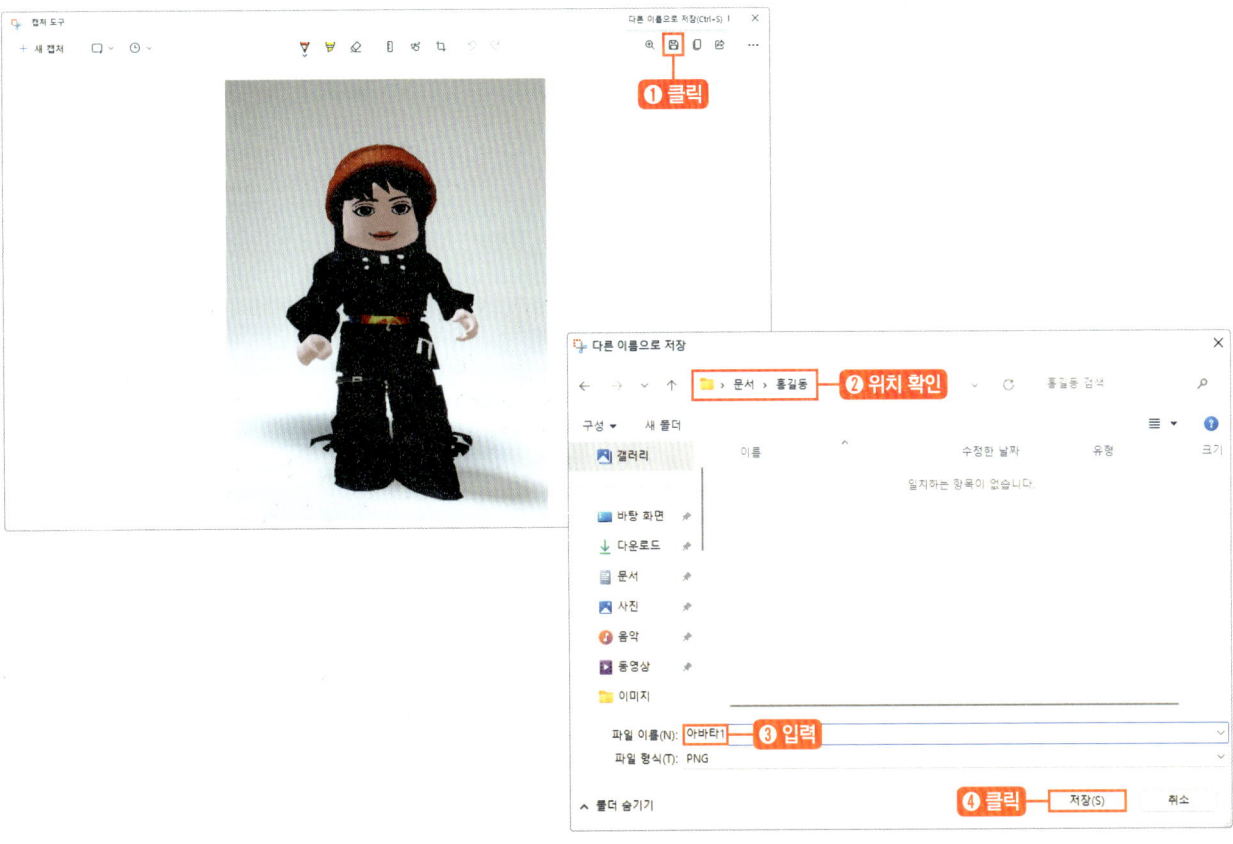

02 도형에 이미지 넣기

1. 파워포인트를 실행 후, [열기]를 클릭합니다. [찾아보기]를 클릭하여 [불러올 파일]-[CHAPTER 05]-'아바타 콘테스트.pptx' 파일을 선택한 후, <열기> 단추를 클릭합니다.

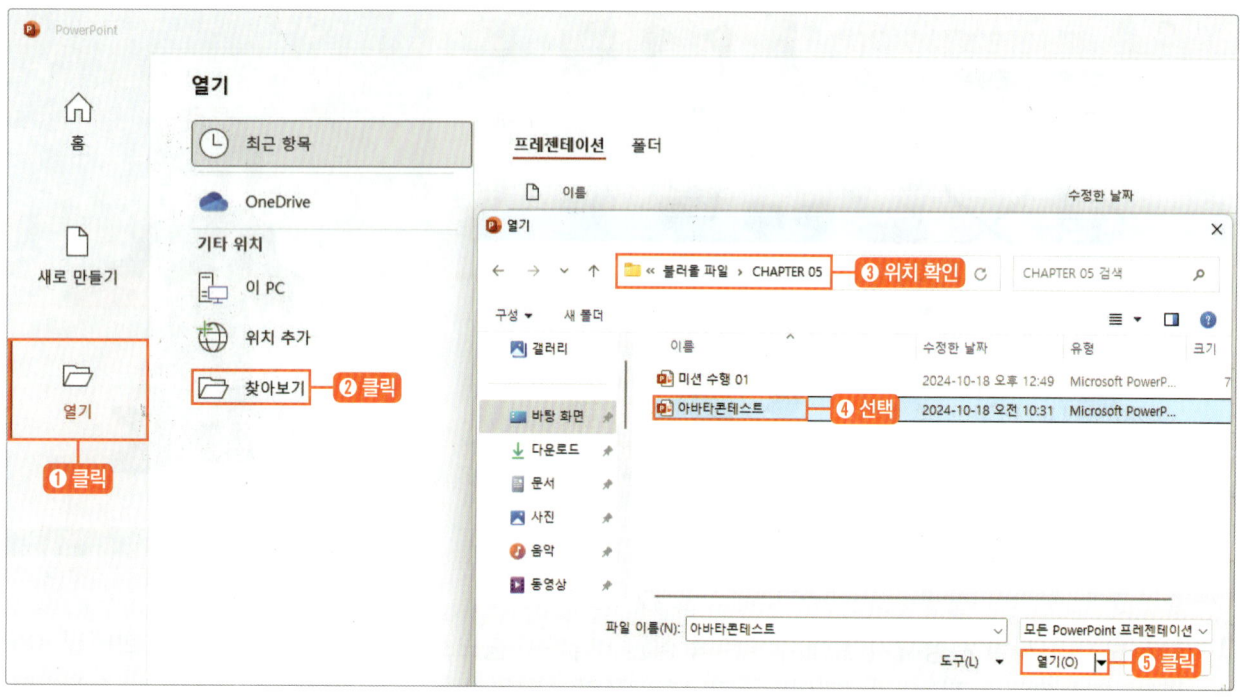

`한쇼 2022` [한쇼 2022] 실행-[내 컴퓨터에서 불러오기]

2. 아바타 그림을 삽입하기 위해 도형을 클릭하고 [도형 서식]-[도형 채우기]-[그림]을 클릭합니다.

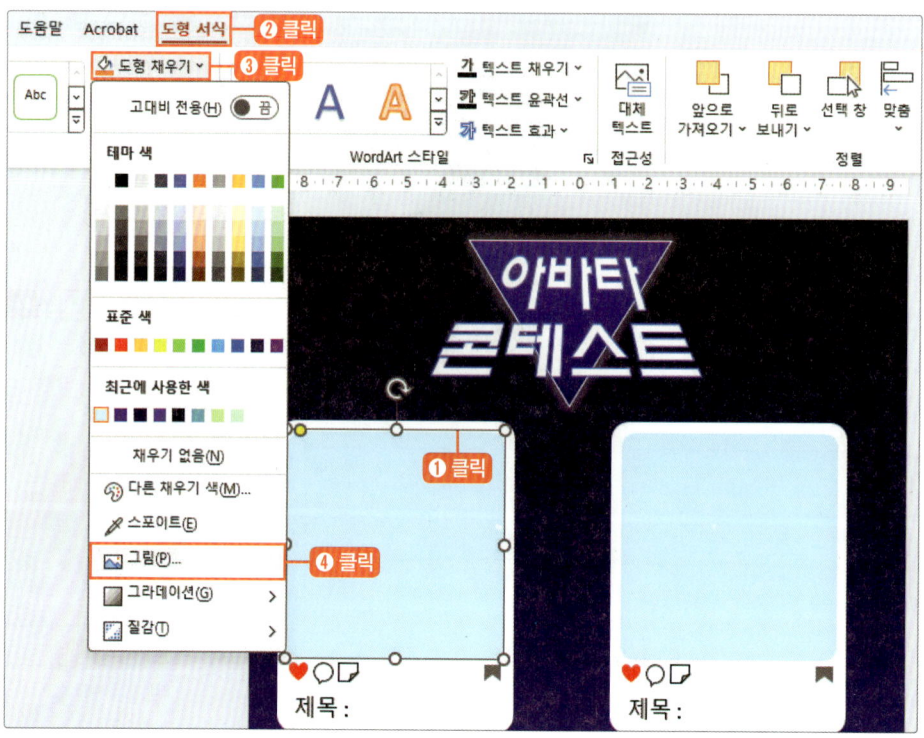

`한쇼 2022` [도형( )]탭-[도형 채우기]-[그림]

3. [그림 삽입]-[파일에서]를 클릭한 다음 본인의 폴더에서 '아바타1.png'를 선택하고 <열기> 단추를 클릭합니다. 이어서, '제목:' 텍스트 상자를 클릭하고 아바타 콘테스트의 제목을 적어봅니다.

   ※ 캡처된 이미지가 없다면 [불러올 파일]-[CHAPTER 05] 폴더에 있습니다.

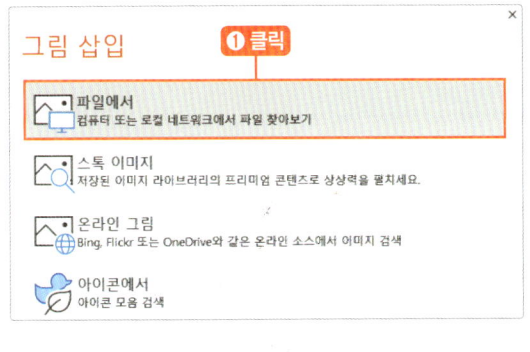
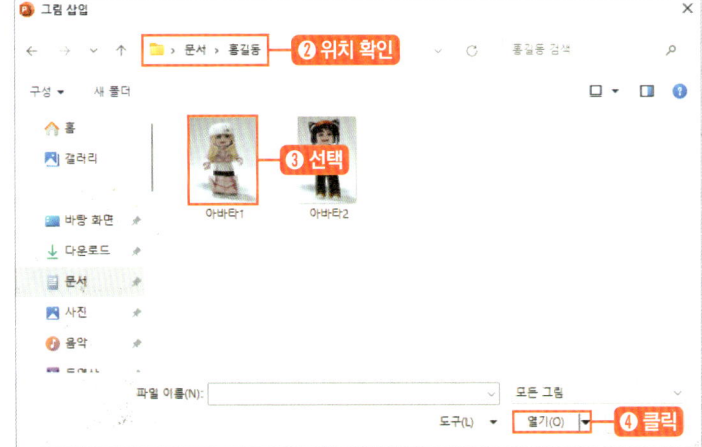

한쇼 2022 [그림 넣기] 대화 상자에서 그림 선택

4. 모든 작업이 끝나면 [파일] 탭-[다른 이름으로 저장]-[찾아보기]를 클릭합니다. 이어서, 본인의 폴더에 파일 이름을 '아바타콘테스트(완성)'으로 입력하고 <저장> 단추를 클릭합니다.

   한쇼 2022 [파일]-[다른 이름으로 저장하기]

 # 미션 수행하기

▶ **불러올 파일** : 미션 수행 01.pptx ▶ **완성된 파일** : 미션 수행 01(완성).pptx

- 로블록스에서 아바타 콘테스트에 필요한 이미지를 저장해서 준비해 봅니다.

  ※ 마음에 드는 아바타를 꾸며서 저장합니다.

- 도형 안에 아바타 그림을 삽입한 다음 아바타 그림에 멋진 제목을 적어서 아바타 콘테스트 작품을 완성해 봅니다.

Chapter 06 [스튜디오로 만드는 나만의 가상 세계] 첫 번째! 집 만들기

▶ 불러올 파일 : 없음   ▶ 완성된 파일 : 집 만들기.rbxl

 학습목표
- 오브젝트의 새로운 템플릿을 만들 수 있어요.
- 오브젝트를 검색할 수 있어요.

◆ 모델 키워드 검색어 → 인터넷을 검색해서 단어를 찾아 적어보자.

집(HOME)	단어(영어스펠링)	단어(영어스펠링)	단어(영어스펠링)
단어(영어스펠링)	단어(영어스펠링)	단어(영어스펠링)	단어(영어스펠링)

01 템플릿을 사용하여서 가상 세계를 만들 준비를 시작해 보기

1. [시작]-[모든 앱]-[Roblox]-[로블록스 스튜디오(Roblox studio)]를 실행한 다음 아이디와 비밀번호를 입력하여 로그인합니다.

2. 템플릿을 이용하여 나만의 가상 세계를 제작하기 위해 [템플릿]-[Flat Terrain]를 클릭합니다.

3. 집(home) 모델을 검색하기 위해 왼쪽 [도구상자] 메뉴 검색창에 "ho"를 입력한 다음 메뉴에서 "home"를 클릭합니다.

TIP
상단 메뉴창에서 [지형편집기]는 비활성화하고 도구상자만 활성화(클릭)된 상태에서 진행하면 쉽게 할 수 있습니다.

4. "moddified Classic Home" 모델을 클릭하여 삽입합니다.

TIP
'Classic Happy Home'은 두 가지 같은 종류가 있습니다. 실행을 하면 무너지는 집이 있기 때문에 잊지 말고 꼭 교재에 나온 집을 사용해 주세요. 2층은 22강의 파티룸 만 들기에 사용할 공간입니다.

CHAPTER 06 [스튜디오로 만드는 나만의 가상 세계] 첫 번째! 집 만들기 **039**

5. 집의 크기를 변경하기 위해 [홈]-[스케일]을 클릭합니다. 이어서, 초록색 단추를 드래그하여 집의 크기를 변경합니다.

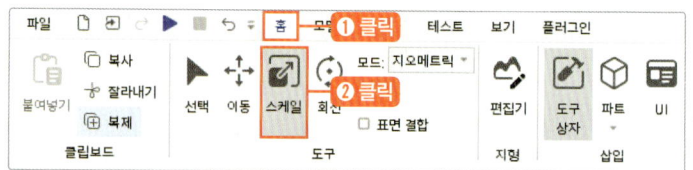

02 집안에 물건과 가구를 놓기 위해 준비 작업을 시작해 보기

1. 집 안쪽으로 카메라를 이동하여 침대를 놓은 공간에 가깝게 위치한 후, 모델 검색창에 "bed"를 검색하여 'Mordern bed' 모델을 클릭합니다.

    ※ 화면을 이동하지않고 놓으면 물건의 위치가 보이는 시점에 따라서 여러 가지 방향으로 이동됩니다.

TIP
침대가 집안으로 바로 위치하려면? 카메라의 시점을 바닥을 보는 방향으로 움직인 후, 침대 모델을 클릭하면 침대가 정확하게 바닥으로 위치합니다.

2. 침대의 위치를 변경하기 위해 [홈]-[이동]을 클릭하여 벽면으로 위치합니다.

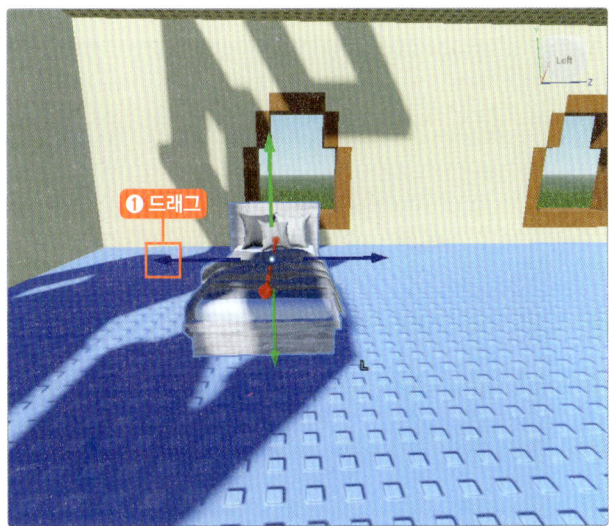 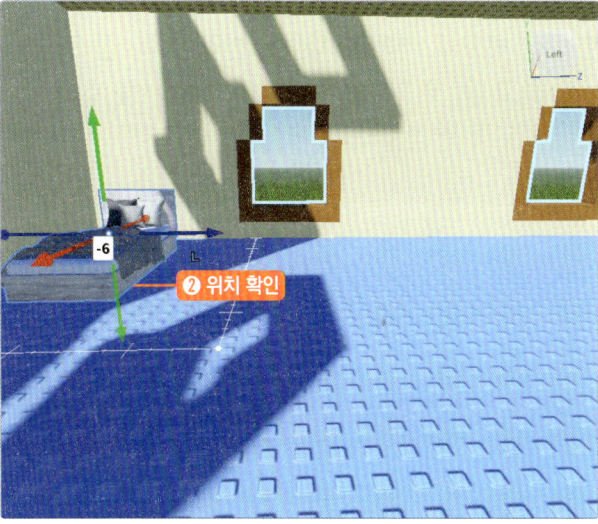

3. 침대를 하나 더 만들고 방향을 변경하기 위해 [홈]-[회전]을 클릭하여 방향을 변경합니다.

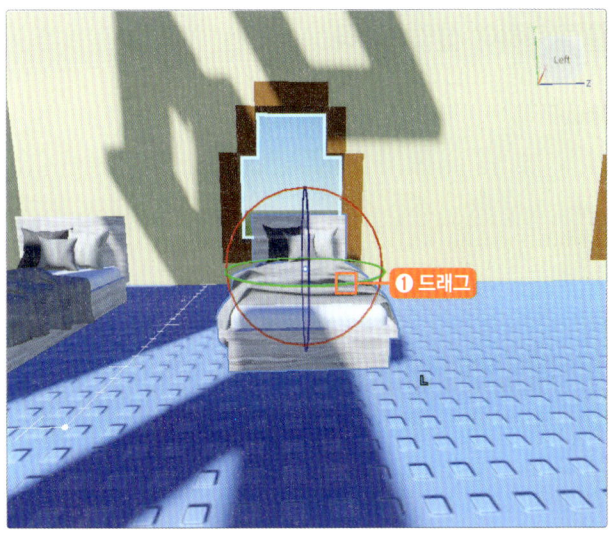 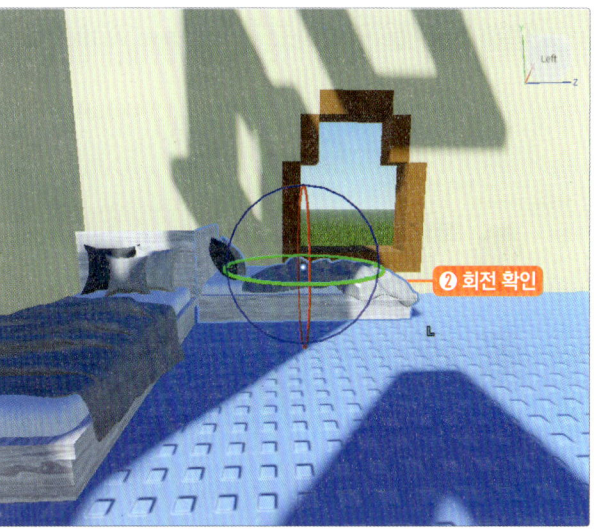

> **TIP**
> 물건을 클릭한후, F 키를 누르면 카메라가 물건으로 줌인이 되어 변경하기 쉽습니다.

03 집 밖에 조경을 꾸며서 완성하기

1. 집 밖으로 카메라 시점을 변경한 후, 집 모델을 클릭하고 F 키를 눌러 카메라의 위치를 집으로 볼 수 있도록 변경합니다.

2. 나무를 올바르게 잔디밭에 위치하기 위해 카메라의 시점을 바닥을 향하게 변경한 후, 도구상자 모델 검색 창에 "tree"를 검색하고 "pink tree with swings"를 클릭하여 삽입합니다.

> **TIP**
> 모델안에 움직이는 프로그래밍이 되어있는 스크립트가 포함되어 있습니다. 확인을 클릭하면 올바르게 모델이 삽입 할 수 있습니다.

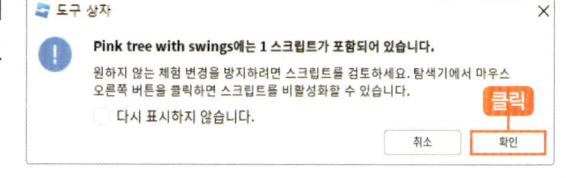

042 로블록스로 PPT 만들기(파포 2021+한쇼 2022)

3. 꽃으로 집 앞을 장식하기 위해서 집문이 있는 곳으로 카메라의 시점을 변경하고 잔디밭으로 카메라의 시점을 바닥을 향하게 변경한 후, 도구상자 모델 검색창에 "flower"를 검색하고 "garden arch with flowers" 모델을 클릭합니다.

4. 클릭한 모델을 [홈]-[스케일]로 크기를 변경하고 [홈]-[이동]으로 집 계단 앞으로 이동하여 집에 들어가는 문을 꾸며봅니다.

5. 내가 만든 작품을 체험하기 위해 [홈]-[플레이]를 클릭하여 체험을 시작합니다. 체험이 끝나면 [홈]-[중지]를 클릭하여 저장을 하기 위해 게임에서 빠져나옵니다.

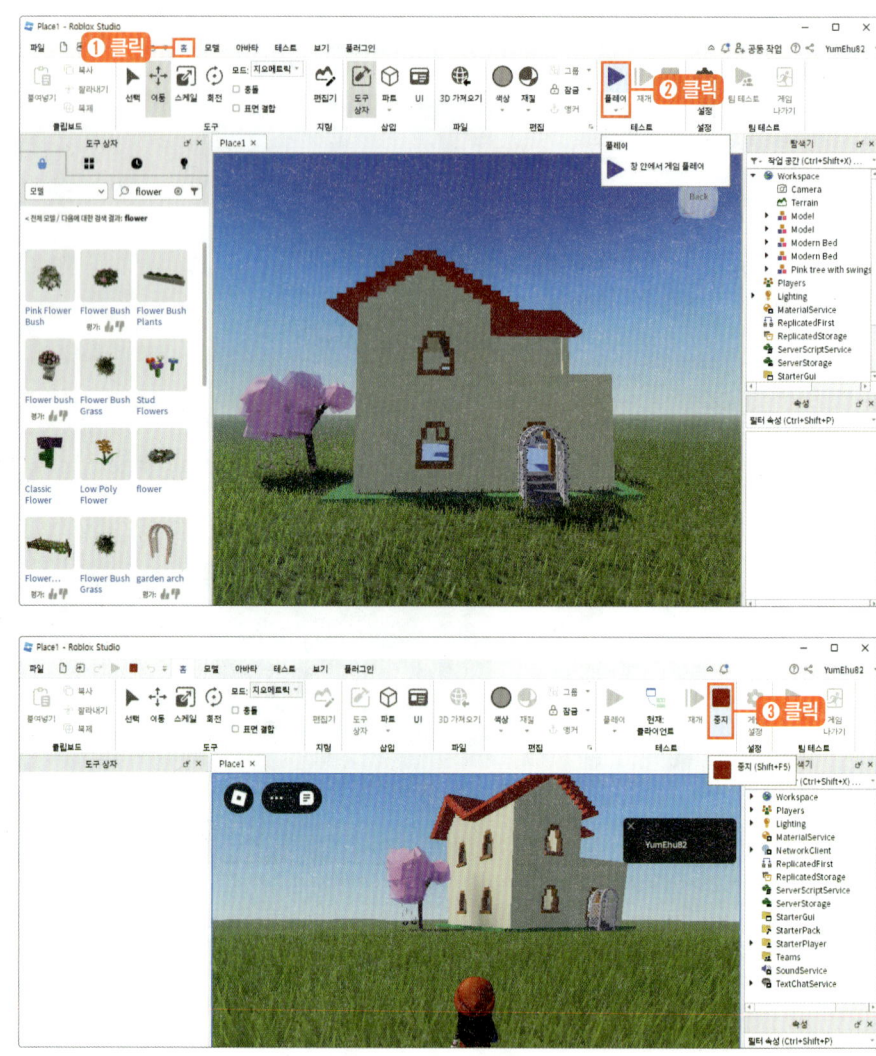

6. 내가 만든 작품을 저장하기 위해 왼쪽 상단 [파일]-[Roblox에 저장]을 클릭합니다.

7. 기본정보의 이름(OOO의 집), 설명(나의 집 만들기), 장르(모험)으로 설정한 다음 <저장> 단추를 클릭합니다. 이어서, [파일]-[플레이스 닫기]를 선택합니다.

8. Roblox Studio로 빠져나오면 상단 오른쪽의 아이디를 클릭 <로그아웃> 단추를 클릭합니다.

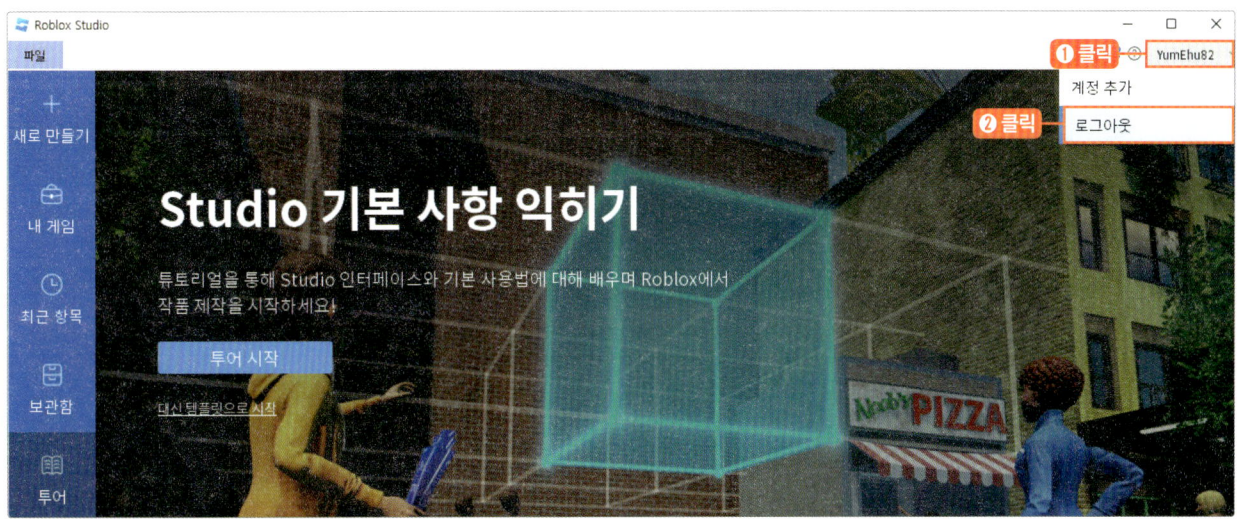

TIP

Roblox Studio 왼쪽 메뉴 [체험]을 클릭하여 올바르게 저장이 되어있는지 확인합니다. 다음 시간에도 이어서 사용해야 하므로 확인은 필수입니다.

 **Chapter 06 미션 수행하기**

▶ 불러올 파일 : 없음   ▶ 완성된 파일 : 없음

■ 나의 집안에 필요한 가구와 물건들을 찾아서 집안을 완성해 봅니다.

※ 이동, 회전, 스케일 도구를 사용합니다.

■ 집 밖에 조경을 조금더 풍성하게 꾸며서 완성해 봅니다.

※ 이동, 회전, 스케일 도구를 사용합니다.

MEMO

Chapter 07 [스튜디오로 만드는 나만의 가상 세계]
집 위에서 눈 내리는 효과 넣기

▶ 불러올 파일 : 없음   ▶ 완성된 파일 : 눈 내리는 집.rblx

- 파트를 사용하여 크기와 위치를 변경할 수 있습니다.
- 파트를 투명으로 변경해서 눈에 보이지 않게 변경할 수 있습니다.
- 파트에 눈내리는 효과를 넣어서 꾸밀 수 있습니다.

1. Roblox Studio를 열고 로그인한 후, [체험]-저장된 플레이스를 클릭합니다. 파트를 넣기 위해서 카메라의 시점을 잔디밭으로 향하도록 변경합니다.

2. [홈]-[파트]를 클릭한 다음 상단 메뉴 [모델]-[효과]-[파티클 이미터]를 클릭한 후, 효과를 확인합니다.

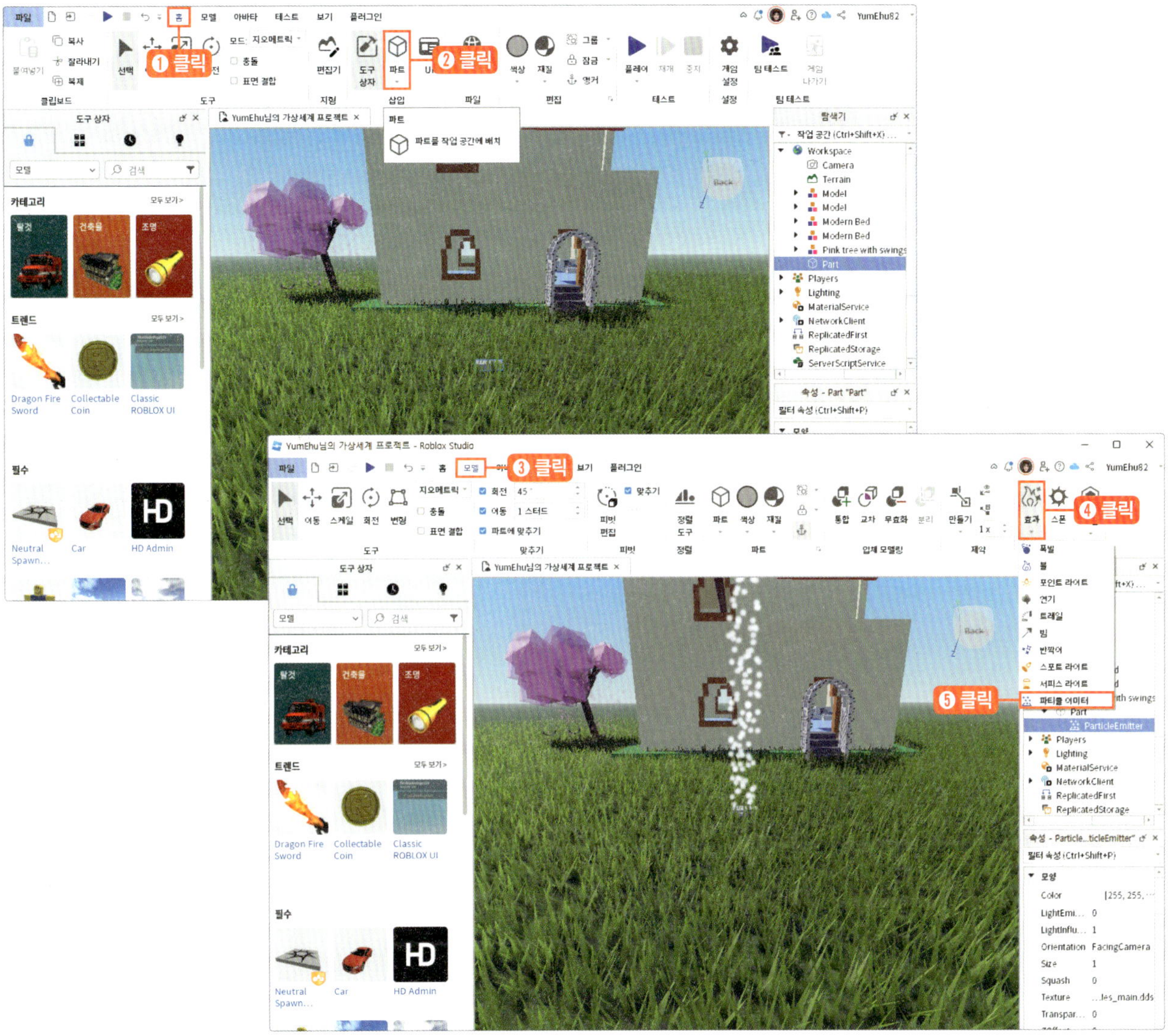

3. 파트의 크기를 변경하기 위해 [홈]-[스케일]을 클릭하고, 빨간색, 파란색을 드래그하여 좌우의 크기만 변경합니다.

CHAPTER 07 [스튜디오로 만드는 나만의 가상 세계] 집 위에서 눈 내리는 효과 넣기 **049**

4. 집 위로 파트의 위치를 변경하기 위해서 [홈]-[이동]을 클릭하고 연두색 화살표를 움직여 위로 올린 후, 파란색 화살표를 움직여 집에 가까이 가져갑니다.

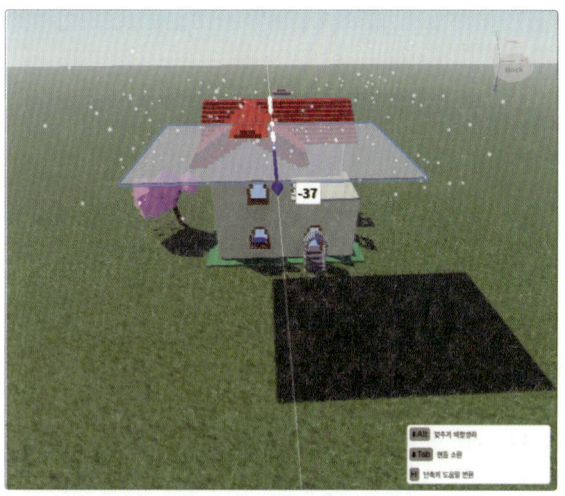
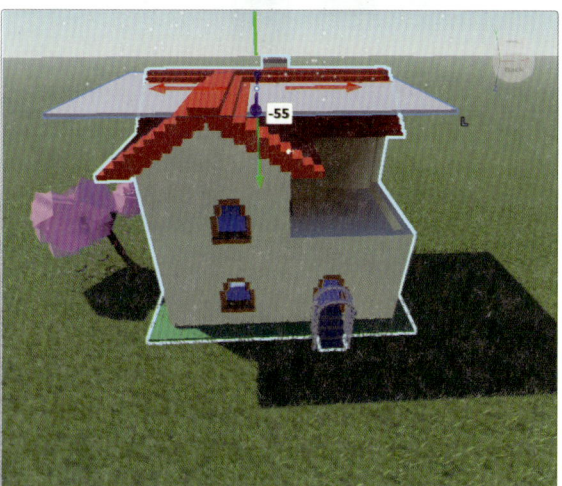

5. 눈 내리는 방향을 아래로 향하기 위해 [탐색기]에서 효과로 넣었던 'ParticleEmitter'를 클릭한 후, [속성]창에서 [이미션]-[EemissionDirection]-'Bottom'으로 변경합니다.

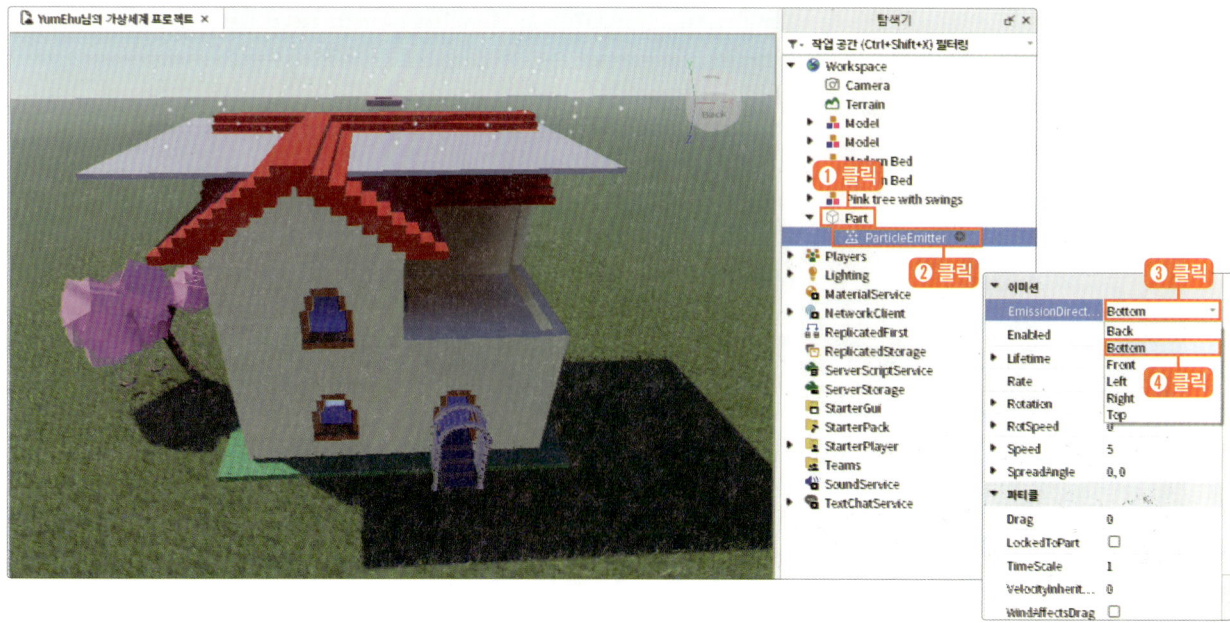

6. 지붕 위로 옮겨진 파트를 투명으로 변경하기 위해 파트를 클릭한 후, 오른쪽 속성 창의 [모양]-'Transparency' 의 값을 "1"로 변경합니다.

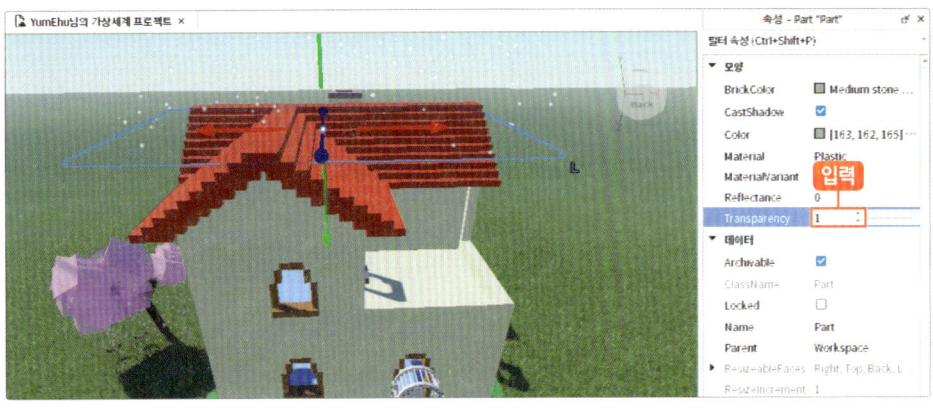

> **TIP**
> 상단 메뉴 [보기]-[탐색기]를 눌러 비활성화 하여 [속성] 창만 오른쪽에 보일 수 있도록 합니다.

7. 체험하기 위해 [홈]-[플레이]를 클릭하여 지붕 위에서 눈 내리는 작품을 확인합니다.

8. [파일]-[Roblox에 저장]을 클릭합니다.

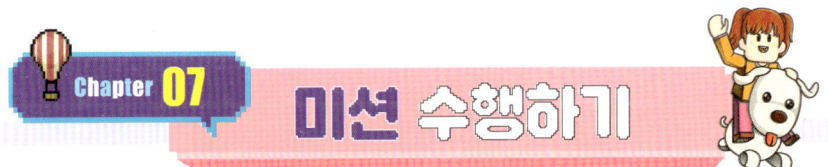

Chapter 07 미션 수행하기

▶ 불러올 파일 : 없음　▶ 완성된 파일 : 없음

■ 문 앞에 반짝이는 효과를 넣은 파트를 만들어서 꾸며보자.

> **TIP**
> 파트의 크기를 조절하고 [모델]-[효과]-[반짝임] 을 삽입한 다음 문 앞으로 이동해보세요.

CHAPTER 07 미션 수행하기　**051**

Chapter 08 파워포인트로 만드는 나의 집을 소개해요

▶ 불러올 파일 : 로블록스 포트폴리오.pptx   ▶ 완성된 파일 : 로블록스 포트폴리오(완성).pptx

 **학습목표**
- 로블록스 스튜디오를 열고 집과 정원을 캡처해서 그림을 저장하기
- 파워포인트를 열고 나의 집과 정원을 소개하는 포트폴리오를 완성하기

01 로블록스 스튜디오를 열고 집과 정원을 캡처해서 그림을 저장하기

1. 로블록스 스튜디오를 실행하고 [체험]에 저장된 플레이스를 클릭하여 실행합니다.

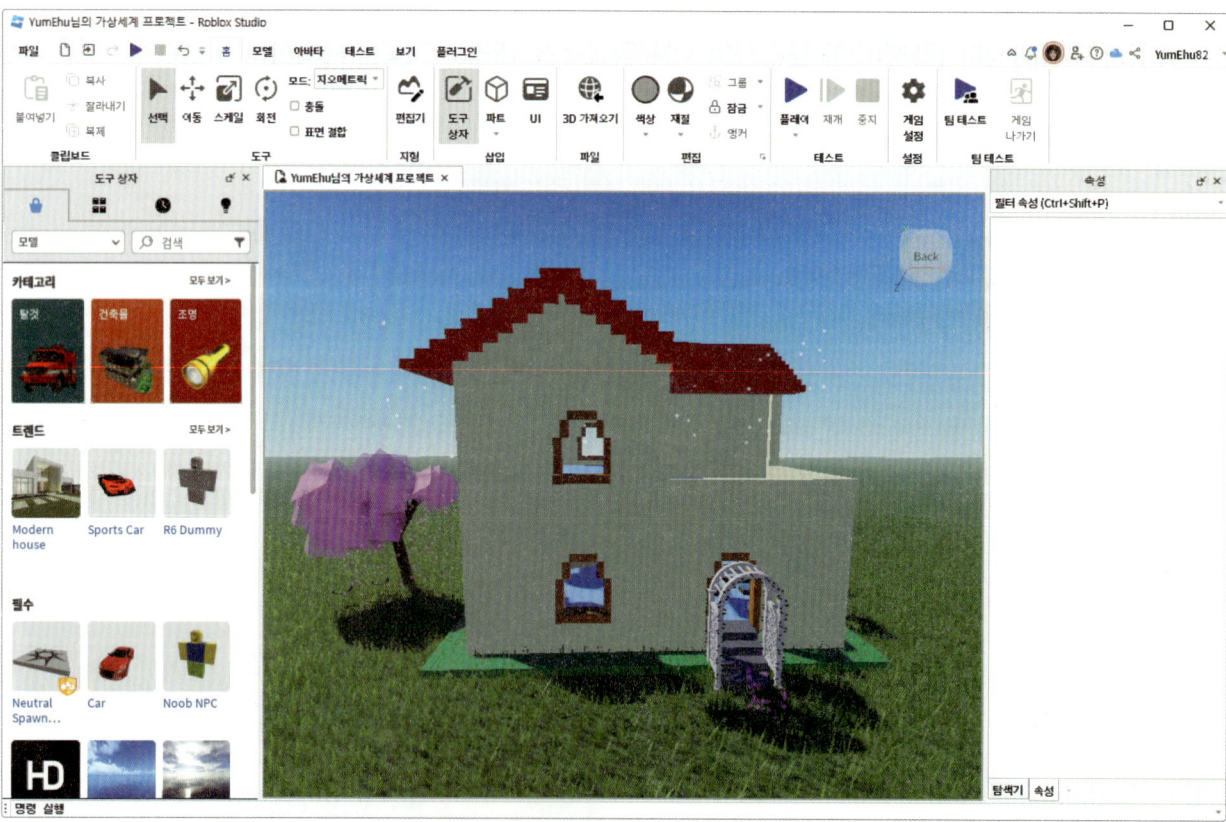

052 로블록스로 PPT 만들기(파포 2021+한쇼 2022)

2. [홈]-[플레이]를 클릭해서 실행한 다음 사진을 찍고 싶은 위치에서 캡처 도구를 실행합니다. 이어서, <새 캡처> 단추를 클릭한 다음 원하는 부분만큼 드래그합니다.

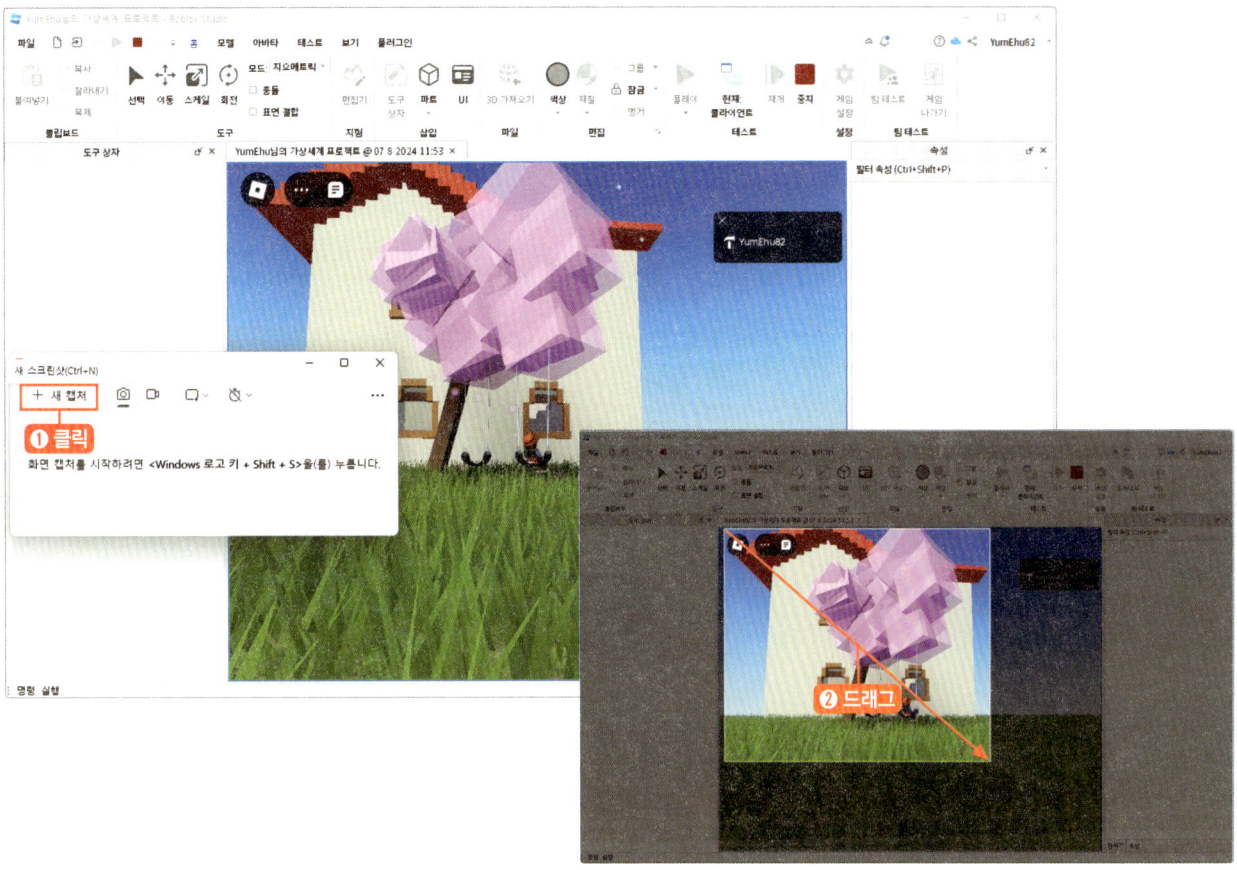

3. 캡처된 이미지를 저장하기 위해 상단 오른쪽 <다른 이름으로 저장하기> 단추를 클릭합니다. 이어서, 본인 폴더에 이름을 지정하고 저장합니다.

4. 같은 방법으로 나의 집에서 소개하고 싶은 곳을 선택하여 그림을 2장 캡처하고 저장합니다.

02 파워포인트에서 나의 집과 정원을 소개하는 포트폴리오를 완성하기

1. 파워포인트를 실행 한 다음 [열기]를 클릭합니다. 이어서, [찾아보기]를 클릭하여 [불러올 파일]-[CHAPTER 08]-'로블록스 포트폴리오.pptx' 파일을 선택한 후, <열기> 단추를 클릭합니다.

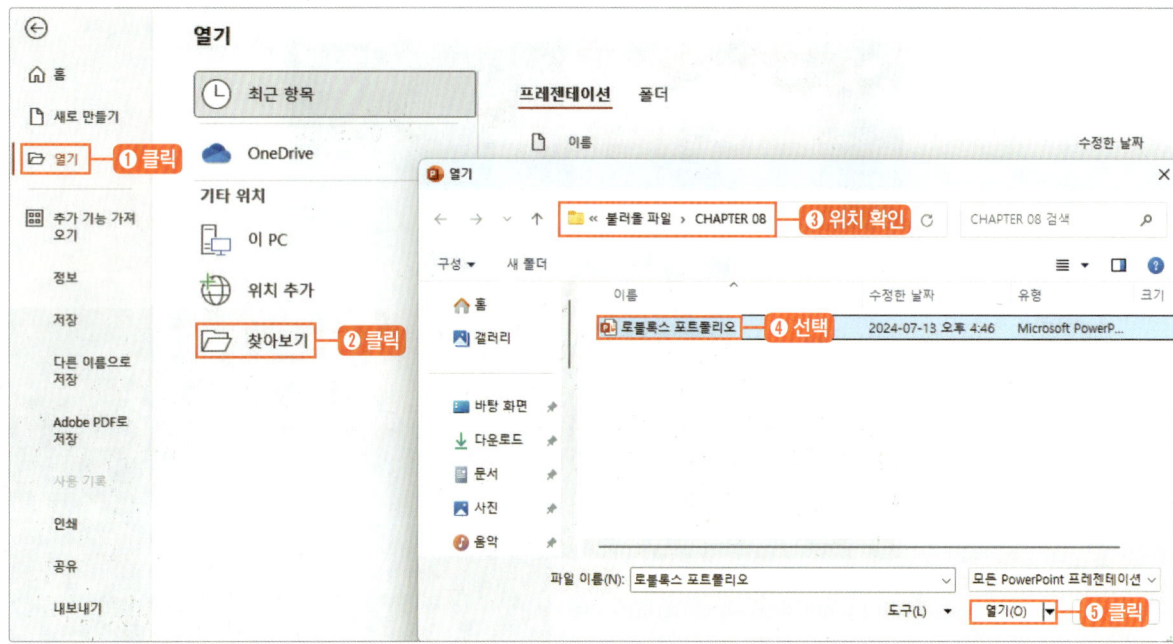

한쇼 2022 [한쇼 2022] 실행-[내 컴퓨터에서 불러오기]

2. '이곳에 제목을 입력하세요.'에 글자를 지운 후, "로블록스 나의 집 소개하기"를 입력합니다.

3. 캡처한 그림을 삽입하기 위해 도형을 클릭하고 [도형 서식]-[도형 채우기]-[그림]을 클릭합니다.

한쇼 2022 [도형( )] 탭-[도형 채우기]-[그림]

4. [그림 삽입]-[파일에서]를 클릭한 다음 '집1.png'를 선택하고 <삽입> 단추를 클릭합니다.
   ※ 본인 폴더에 캡처하여 저장된 파일을 사용하세요.

한쇼 2022 [그림 넣기] 대화 상자에서 그림 선택

5. '글을 적어보세요.'에 글자를 지운 후, 나의 집을 소개하는 내용을 자유롭게 적어봅니다.

6. 'Photo2' 부분도 같은 방법으로 [그림 삽입]-[파일에서]를 클릭한 다음 사진에서 '집2.png'를 선택하여 삽입 후, '글을 적어보세요.' 텍스트 상자의 내용을 자유롭게 적어봅니다.

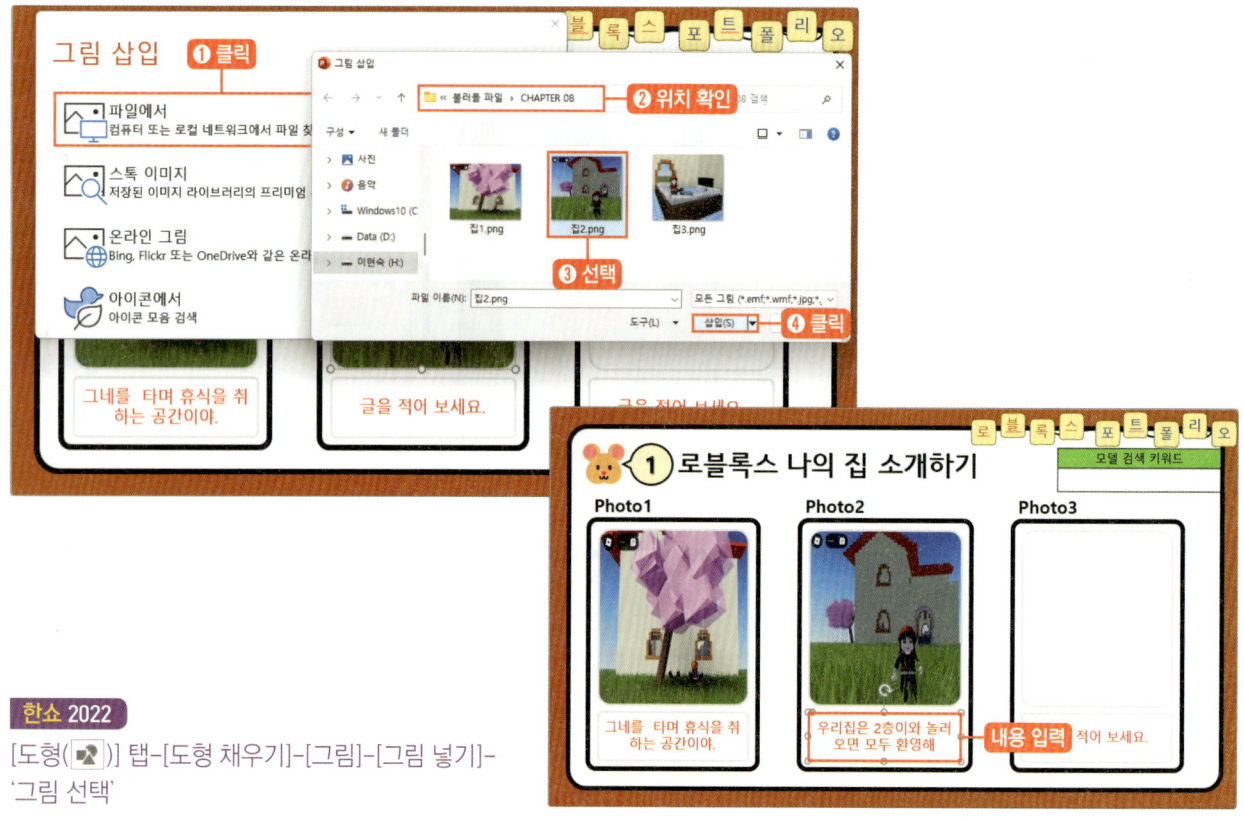

한쇼 2022

[도형( )] 탭-[도형 채우기]-[그림]-[그림 넣기]-'그림 선택'

7. 'Photo3' 부분도 같은 방법으로 [그림 삽입]-[파일에서]를 클릭한 다음 사진에서 '집3.png'를 선택하여 삽입 후, '글을 적어보세요.' 텍스트 상자의 내용을 자유롭게 적어봅니다.

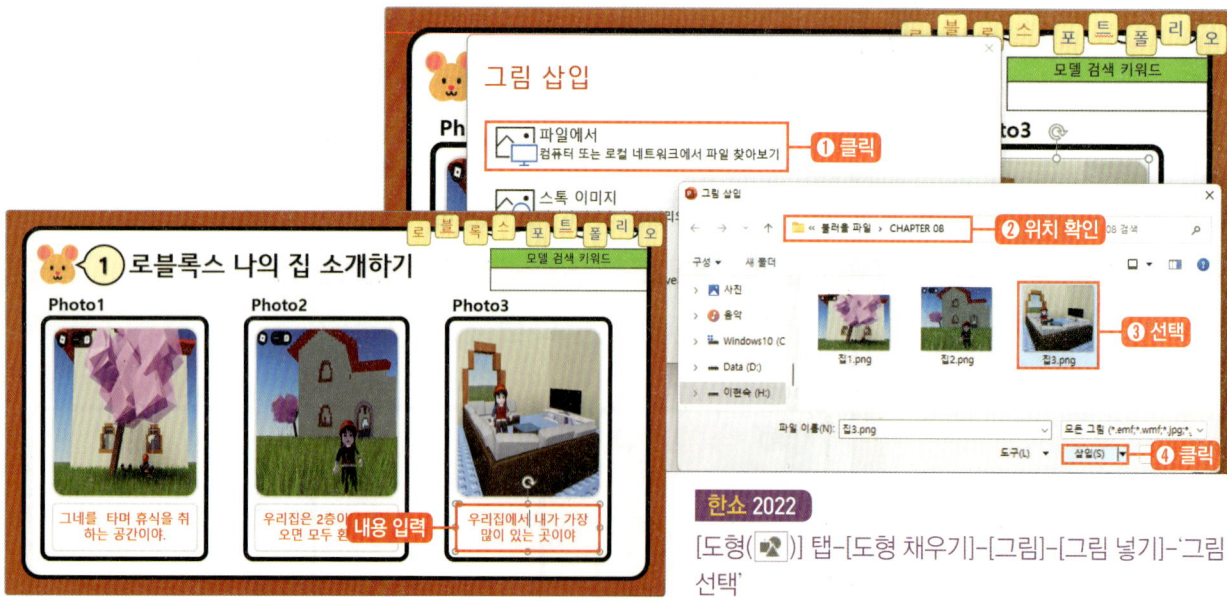

한쇼 2022

[도형( )] 탭-[도형 채우기]-[그림]-[그림 넣기]-'그림 선택'

8. 모든 작업이 끝나면 [파일] 탭-[다른 이름으로 저장]-[찾아보기]를 클릭합니다. 이어서, 본인의 폴더에 파일 이름을 '로블록스 포트폴리오(완성)'으로 입력하고 <저장> 단추를 클릭합니다.

한쇼 2022 [파일]-[다른 이름으로 저장하기]

Chapter 08 미션 수행하기

▶ 불러올 파일 : 없음   ▶ 완성된 파일 : 없음

■ 모델 검색으로 사용해서 키워드 영어단어를 직접 적어보세요.

모델 검색 키워드

▶ 불러올 파일 : 미션 수행 01.pptx   ▶ 완성된 파일 : 미션 수행 01(완성).pptx

■ 파일을 불러와 안전에 대한 내용을 생각해 본 다음 입력합니다.

Chapter 09 [스튜디오로 만드는 나만의 가상 세계] 세 번째! 카페 만들기

▶ 불러올 파일 : 없음 ▶ 완성된 파일 : 카페 만들기.rbxl

 학습 목표
- cafe 모델을 검색해서 원하는 모델을 넣을 수 있습니다.
- 회전과 이동으로 모델을 수정할 수 있습니다.

◆ **모델 키워드 검색어 → 인터넷을 검색해서 단어를 찾아 적어보자.**

카페(cafe)	단어(영어스펠링)	단어(영어스펠링)	단어(영어스펠링)
단어(영어스펠링)	단어(영어스펠링)	단어(영어스펠링)	단어(영어스펠링)

01 카페 만들기

1. 로블록스 스튜디오를 실행하여 로그인한 후, [체험]-저장된 플레이스를 불러와 카페를 만들기 준비를 하기 위해 카메라 시점 위치를 집의 뒤쪽으로 이동합니다.

   ※ 주사위의 방향을 본 다음 위치를 확인하고 같은 방향으로 해두면 교재와 비슷한 초점으로 향합니다.

2. 도구 상자의 모델 검색창에 'cafe'를 검색합니다. Aestheic cafe(Pink)를 클릭합니다. "스크립트가 포함되어 있습니다." 창이 나오면 <확인> 단추를 클릭합니다.

TIP
스크립트가 포함되어 있을 경우에는 다양한 코딩이 속해있어요. 오류의 가능성이 있으므로 모델을 넣기 전에 미리 저장을 하는 것이 중요합니다.

3. 다른 카페를 삽입하기 위해 카페 옆 이동한 다음 카메라의 시점을 잔디 바닥을 보는 방향으로 변경합니다. 이어서, 'sanrio cafe' 모델을 클릭하면 카페 옆에 산리오 카페가 완성됩니다.

※ 'sanrio cafe' 모델이 없다면 마음에 드는 다른 카페를 불러옵니다.

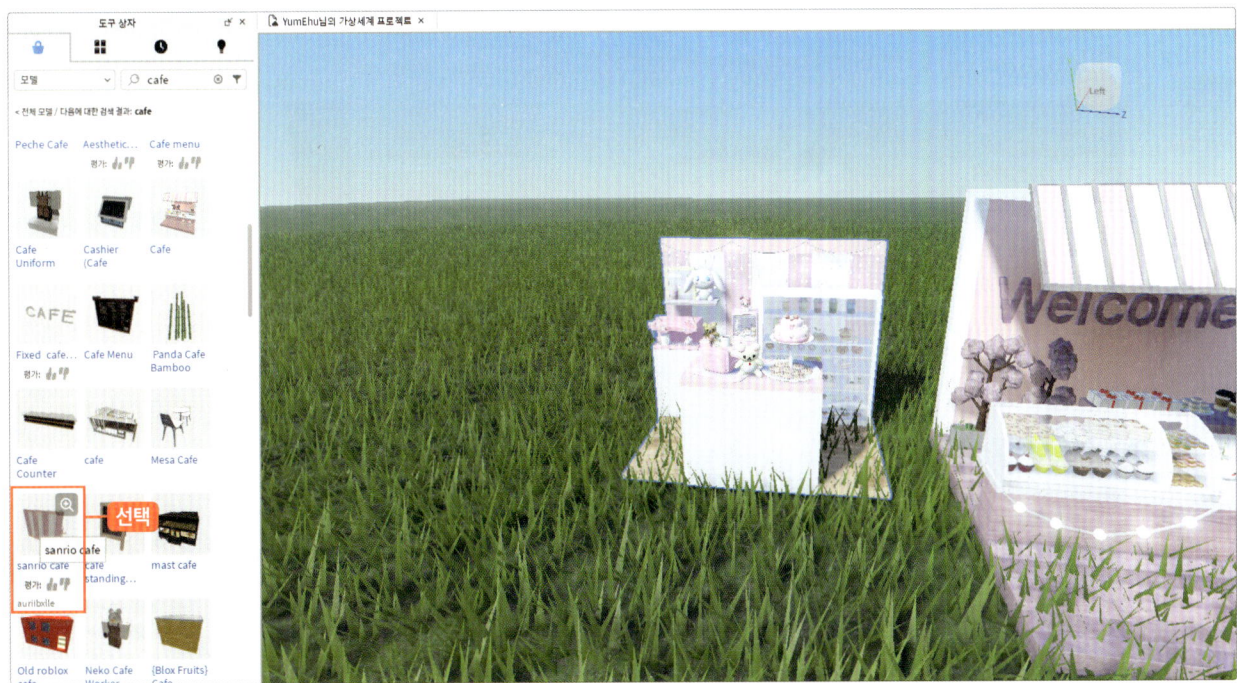

4. 산리오 카페의 크기를 변경하기 위해 [홈]-[스케일]을 클릭하여 초록색 동그라미 단추를 위로 드래그하여 크기를 변경합니다.

5. 산리오 카페의 위치를 변경하기 위해 [홈]-[이동]을 클릭하여 파란색 화살표 앞으로 드래그하여 위치를 변경합니다.

6. 고양이 카페를 넣기 위해 카페 옆으로 이동 후, 카메라 시점을 잔디를 향하도록 변경합니다. 이어서, 'Cat's Cafe'를 클릭하여 삽입합니다.

7. 고양이 카페의 방향을 변경하기 위해 [홈]-[회전]을 클릭하여 연두색 회전 도구를 드래그 한 후, 앞을 보도록 방향을 변경합니다.

8. 고양이 카페의 위치를 변경하기 위해 [홈]-[이동]을 클릭하여 파란색과 빨간색 화살표를 드래그하여 위치를 변경합니다.

02 카페의 조경을 꾸미기

1. 카메라의 시점을 바닥의 잔디를 볼 수 있도록 변경한 다음 모델의 'cafe Tree'를 클릭하여 삽입합니다.

2. 나무를 복제하기 위해서 나무를 클릭한 후, [홈]-[복제]를 클릭한 다음 [홈]-[이동]을 클릭하여 드래그합니다.

3. 카페의 오른쪽으로 이동하고 잔디밭으로 카메라 시점을 변경한 후, 다른 나무를 클릭한 후, [홈]-[회전], [복제], [이동]을 활용하여 꾸미기를 합니다.

4. 카페 표지판을 세우기 위해서 모델의 'CoolioRockster2's CAFE sign!' 삽입하고 [홈]-[이동]을 클릭하여 위치를 조정합니다.
   ※ 'CoolioRockster2's CAFE sign!' 모델이 없다면 마음에 드는 다른 모델을 불러옵니다.

5. 체험하기 위해서 [홈]-[플레이]를 클릭하여 완성된 카페 작품을 확인합니다.

6. [파일]-[Roblox에 저장]을 클릭합니다.

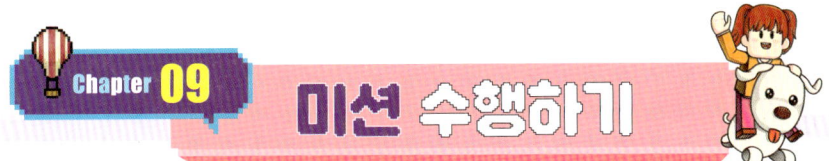

Chapter 09 미션 수행하기

▶ 불러올 파일 : 없음   ▶ 완성된 파일 : 없음

■ 원하는 카페를 검색하여서 넣어보자

■ 원하는 물건으로 카페 주위에 조경을 꾸며보자

Chapter 10 [스튜디오로 만드는 나만의 가상 세계] 네 번째! 카페 음식 넣기

▶ 불러올 파일 : 없음　▶ 완성된 파일 : 카페 만들기2.rbxl

- 모델이 개체를 여러 개로 복사하여 쉽게 만들 수 있습니다.
- 다양한 음식을 넣어서 야외 카페를 완성할 수 있습니다.

◆ 모델 키워드 검색어 → 인터넷을 검색해서 단어를 찾아 적어보자.

카페 테이블(cafe table)	단어(영어스펠링)	단어(영어스펠링)	단어(영어스펠링)
단어(영어스펠링)	단어(영어스펠링)	단어(영어스펠링)	단어(영어스펠링)

01 모델의 개체를 삽입 여러 개를 복사하기

1. 야외 카페를 만들기 위해 모델 "cafe Table"을 검색한 후, 'cafe Luigi table'를 클릭하여 삽입합니다.

　※ 'cafe Luigi table' 모델이 없다면 마음에 드는 다른 모델을 불러옵니다.

2. 잔디위에 있는 'cafe Luigi table' 모델을 클릭하고 [홈]-[복제]를 클릭한 후, [홈]-[이동]을 클릭하여 연두색 화살표를 왼쪽으로 드래그합니다. 2개의 테이블을 같은 방법으로 복제하여 완성합니다.

   ※ 이미지 복제가 겹쳐서 되어있기 때문에 보이지는 않으나 오른쪽 탐색기 메뉴창에 두개의 이름이 나와 있는 것을 확인할 수 있어요.

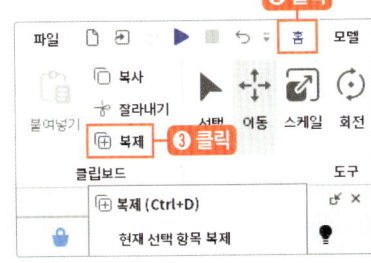
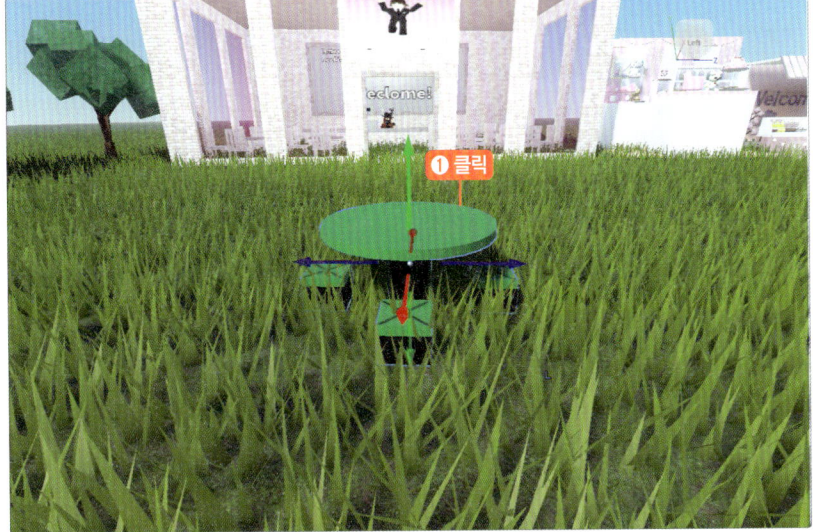
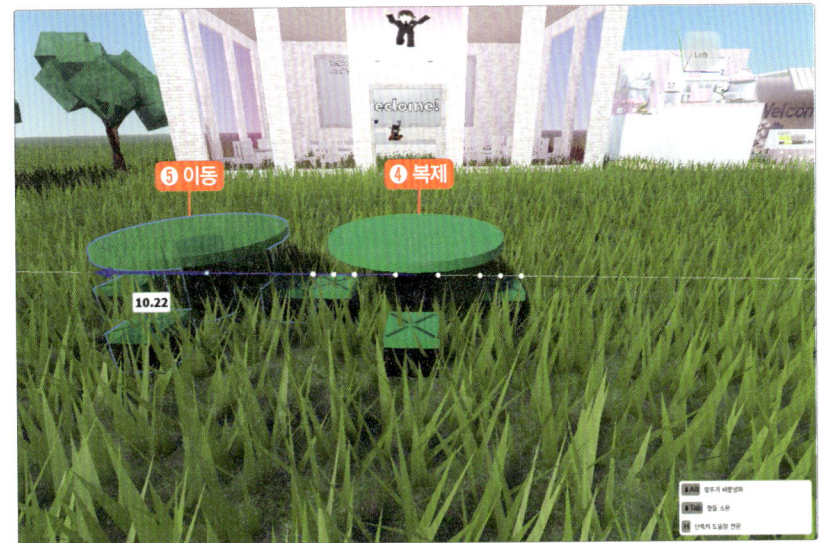

3. 카메라의 시점을 바닥 잔디를 향하게 조정한 후, 모델 'cafe table 2 FREE!'를 클릭하고 [홈]-[복제]를 클릭한 다음 [이동]을 반복하여서 카페 테이블 3세트를 배치합니다.

※ 'cafe table 2 FREE!' 모델이 없다면 마음에 드는 다른 모델을 불러옵니다.

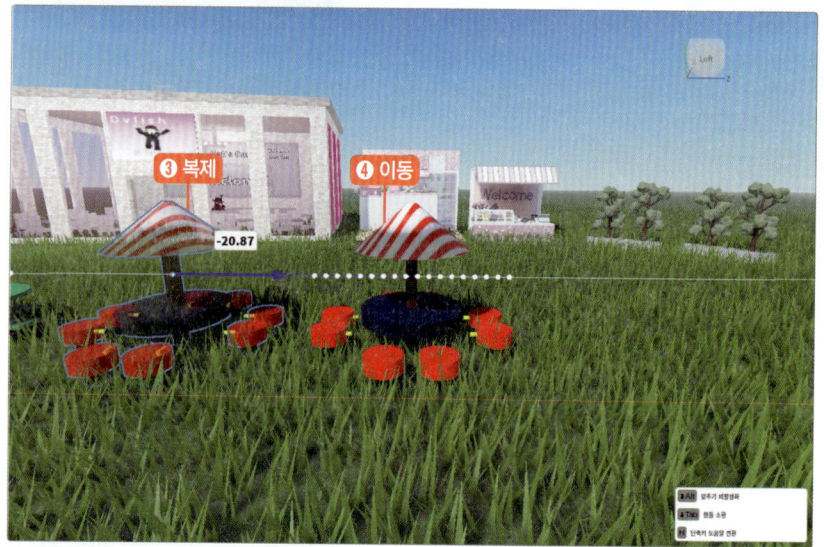

02 테이블에 음식을 올려놓기

1. 모델 "food"를 검색합니다. 이어서, 마우스 휠을 움직여서 테이블 위로 카메라 방향을 위치 시킨 후, 음식을 넣을 준비를 합니다.

2. 'Diwali Food'를 클릭한 후, [홈]-[이동]을 클릭하여 테이블 위로 음식의 위치를 변경 합니다.

 TIP

주의사항 : 음식 그림을 클릭하면 나오는 도구 상자 창의 스크립트 포함에 확인한 다음 [삽입 도구] 대화상자의 '이 도구를 StarterPack에 넣을까요?'는 <아니요> 단추를 눌러야 음식이 숨어들어가지 않고 볼 수 있습니다.

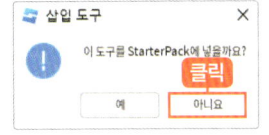

3. 테이블 위에 햄버거 세트 음식을 넣기 위해서 모델 'Restaurant food'를 삽입한 후, [홈]-[이동]을 클릭하여 초록색과 빨간색 화살표를 드래그하여 테이블 위로 음식을 이동합니다.

4. 자판기를 넣기 위해서 카메라를 빈 곳으로 이동 후, 카메라 시점은 잔디를 보도록 변경합니다. 이어서, 모델 'Vending Machine/Food Giver'를 클릭합니다.

5. 삽입된 자판기를 [홈]-[회전], [이동]을 클릭하여서 원하는 곳으로 위치합니다. 같은 방법으로 다른 자판기도 삽입하여 봅니다.

6. 플레이를 실행하였을 때 처음으로 캐릭터가 생성되는 위치를 만들기 위해서 'spwan'을 검색하고 원하는 위치에 삽입합니다.

7. 체험하기 위해 [홈]-[플레이]를 클릭하여 완성된 카페 작품을 확인합니다.

8. [파일]-[Roblox에 저장]을 클릭합니다.

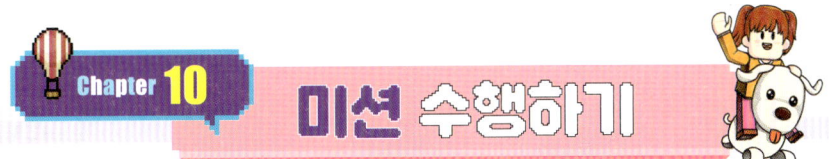

Chapter 10 미션 수행하기

▶ 불러올 파일 : 없음   ▶ 완성된 파일 : 없음

1. 원하는 카페 테이블을 검색하여 삽입한 후, 3개씩 복제합니다.
2. 테이블 위에 원하는 음식을 올려놓습니다.

Chapter 11 파워포인트로 만드는 나의 카페를 소개해요

▶ 불러올 파일 : 로블록스 포트폴리오_카페.pptx   ▶ 완성된 파일 : 로블록스 포트폴리오_카페(완성).pptx

 학습목표
- 로블록스 스튜디오를 열고 나만의 카페 그림 캡쳐해서 원하는 곳을 저장할 수 있습니다.
- 파워포인트를 열고 나의 카페를 소개하는 포트폴리오는 완성할 수 있습니다.

01 나만의 카페 그림 캡쳐해서 원하는곳을 저장하기

1. 로블록스 스튜디오를 실행하고 [체험]-저장된 플레이스를 클릭한 후, [플레이]를 클릭하여서 실행합니다.

2. 사진을 찍고 싶은 위치에서 카메라의 방향과 위치를 조정한 후, 정면을 바라보고 캡처 도구를 실행하여 <새 캡처> 단추를 클릭합니다.

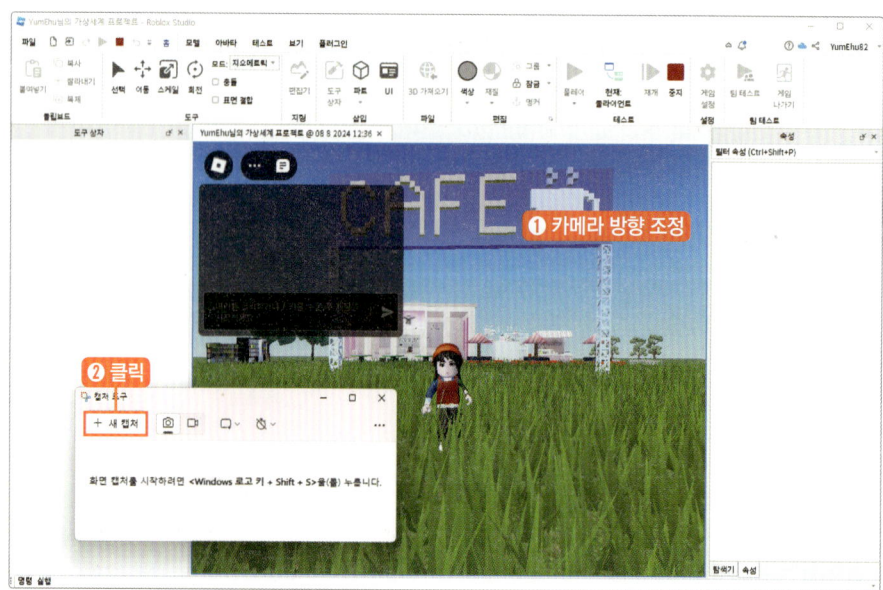

074 로블록스로 PPT 만들기(파포 2021+한쇼 2022)

3. 원하는 부분만큼 드래그한 후, 캡처된 이미지를 저장하기 위해 상단 오른쪽 <다른 이름으로 저장하기> 단추를 클릭하여 저장합니다.

4. 같은 방법으로 나의 카페에서 소개하고 싶은 곳을 선택하여 그림을 3장 캡처하고 저장합니다.

02 나의 카페를 소개하는 포트폴리오는 완성하기

1. 파워포인트를 실행 후, [열기]-[찾아보기]를 클릭하여 [불러올 파일]-[CHAPTER 11]-'로블록스 포트폴리오_카페.pptx' 파일을 선택하고 <열기> 단추를 클릭합니다.

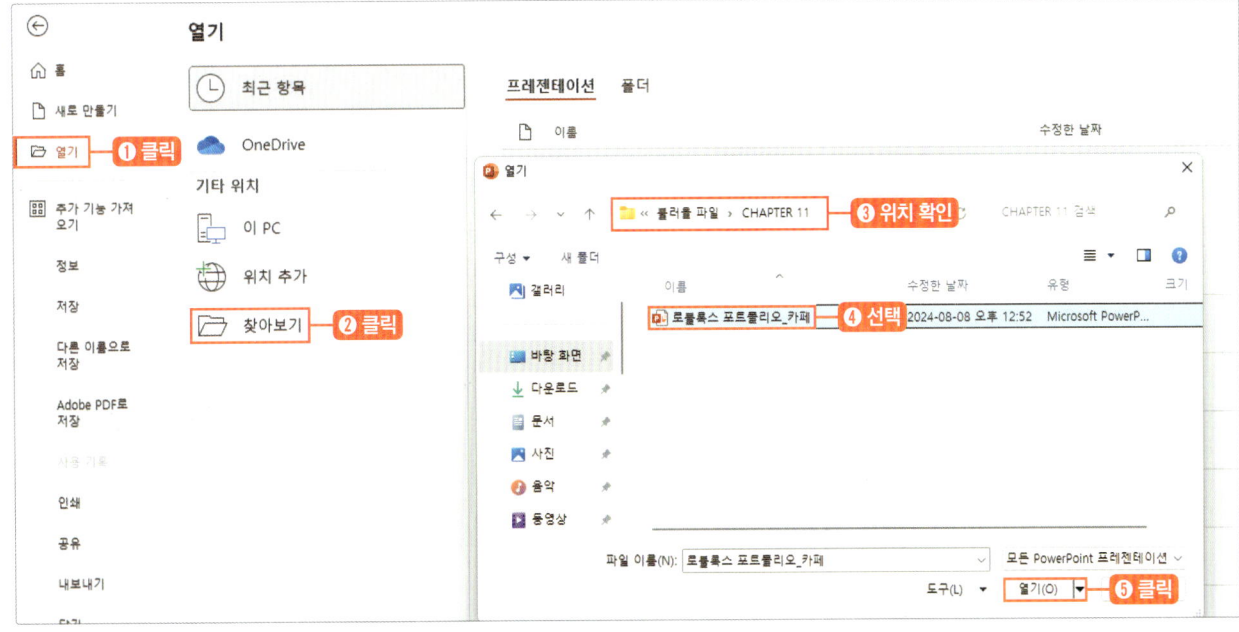

한쇼 2022 [한쇼 2022] 실행-[내 컴퓨터에서 불러오기]

2. '이곳에 제목을 입력하세요.'에 글자를 지우고 "로블록스 나의 카페 소개하기"를 입력합니다.

3. 캡처한 그림을 삽입하기 위해 도형을 클릭하고 [도형 서식]-[도형 채우기]-[그림]을 클릭합니다.

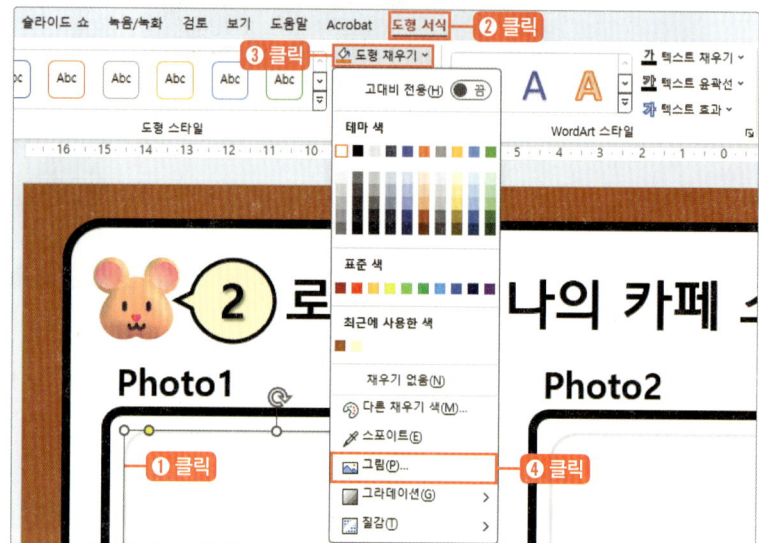

한쇼 2022 [도형( )] 탭-[도형 채우기]-[그림]

4. '[그림 삽입]-[파일에서]를 클릭한 다음 '카페1.png'를 선택하고 <삽입> 단추를 클릭합니다.
   ※ 본인 폴더에 캡처하여 저장된 파일을 사용하세요.

한쇼 2022
[그림 넣기] 대화 상자에서 그림 선택

5. '글을 적어보세요' 텍스트를 지운 다음 나의 카페를 소개하는 내용을 자유롭게 적어봅니다.

6. 'Photo2' 부분도 같은 방법으로 [그림 삽입]-[파일에서]를 클릭한 다음 사진에서 '카페2.png'를 선택하여 삽입 후, '글을 적어보세요' 텍스트 상자의 내용을 자유롭게 적어봅니다.

한쇼 2022 [도형( )] 탭-[도형 채우기]-[그림]-[그림 넣기]-'그림 선택'

7. 'Photo3' 부분도 같은 방법으로 [그림 삽입]-[파일에서]를 클릭한 다음 사진에서 '카페3.png'를 선택하여 삽입 후, '글을 적어보세요' 텍스트 상자의 내용을 자유롭게 적어봅니다.

한쇼 2022 [도형( )] 탭-[도형 채우기]-[그림]-[그림 넣기]-'그림 선택'

▶ 불러올 파일 : 없음   ▶ 완성된 파일 : 없음

■ 모델 검색으로 사용해서 키워드 영어단어를 직접 적어보세요.

모델 검색 키워드

▶ 불러올 파일 : 미션 수행 01.pptx   ▶ 완성된 파일 : 미션 수행 01(완성).pptx

■ 파일을 불러와 에티켓에 대한 내용을 생각해 본 다음 입력합니다.

Chapter 12

[스튜디오로 만드는 나만의 가상 세계]
다섯 번째! 놀이터 만들기

▶ 불러올 파일 : 없음   ▶ 완성된 파일 : 놀이터 만들기.rbxl

- 놀이터에 필요한 기구를 검색창에 입력할 수 있습니다.
- 모델을 삽입 위치와 크기를 변경할 수 있습니다.

◆ 키워드 검색어 → 인터넷을 검색하여서 단어를 찾아 적어보자.

그네(swing)	시소(seesaw)	놀이터(playground)	미끄럼틀(slide)
단어(영어스펠링)	단어(영어스펠링)	단어(영어스펠링)	단어(영어스펠링)

01 놀이터 만들기

1. 로블록스 스튜디오를 실행하고 [체험]-저장된 플레이스를 클릭하여 실행합니다. 놀이터를 설치할 위치로 이동합니다. 도구상자를 실행하고 검색창에 "swing"을 입력합니다.

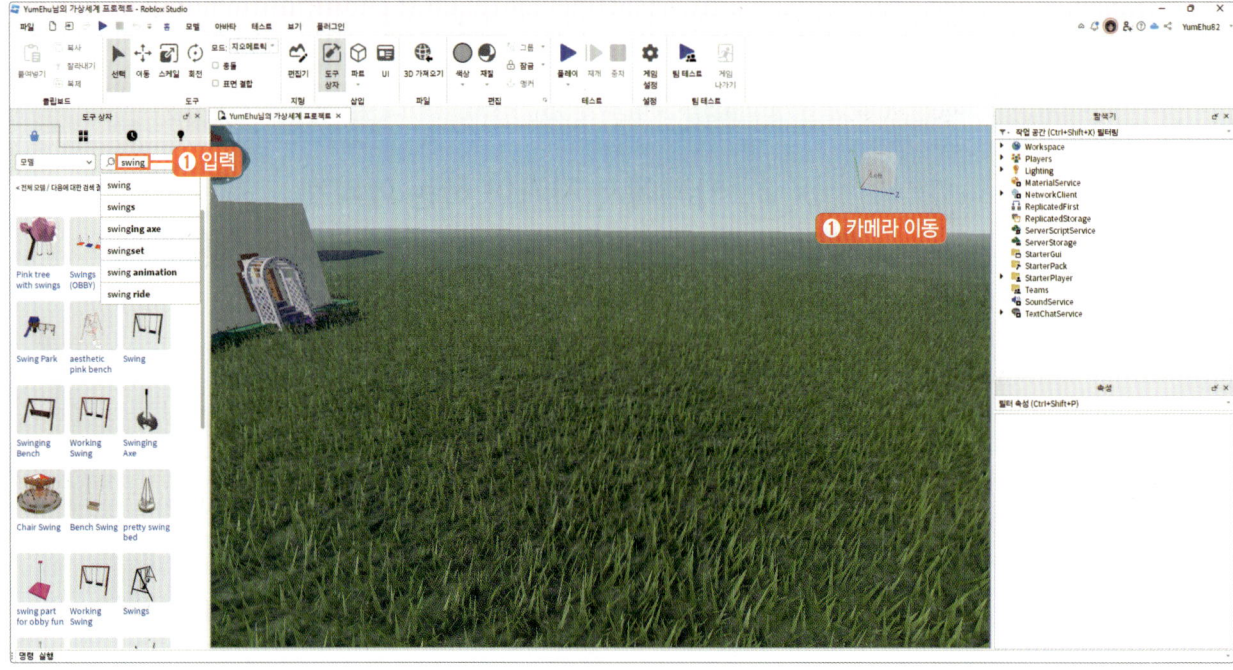

2. 미끄럼틀과 그네가 함께 있는 'Swing Park' 모델을 클릭하여 잔디밭 위에 놓는다. [홈]-[회전], [이동]을 클릭하고 방향과 위치를 변경합니다. 원하는 모델을 5가지 종류로 삽입 위치와 방향을 변경합니다.

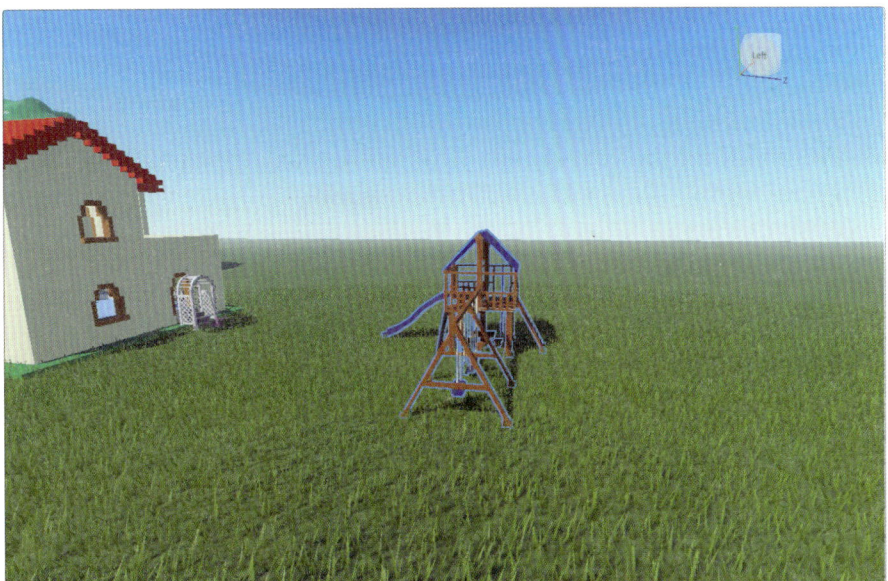

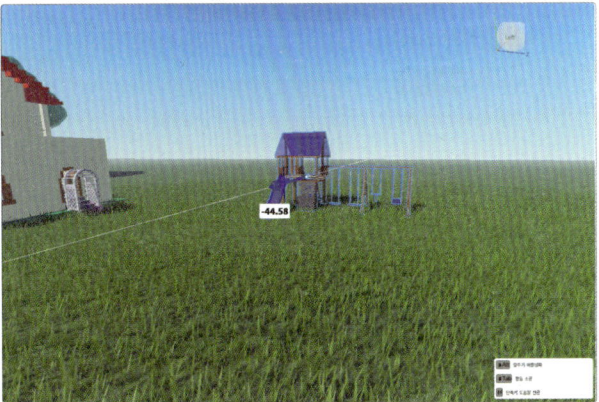

CHAPTER 12 [스튜디오로 만드는 나만의 가상 세계] 다섯 번째! 놀이터 만들기

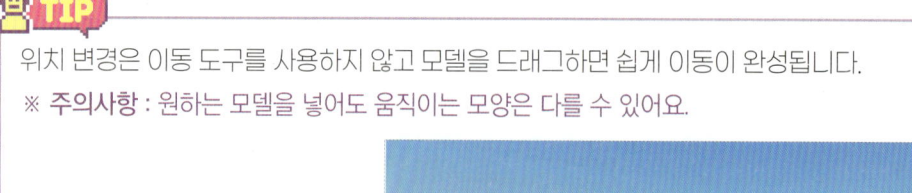

위치 변경은 이동 도구를 사용하지 않고 모델을 드래그하면 쉽게 이동이 완성됩니다.

※ **주의사항** : 원하는 모델을 넣어도 움직이는 모양은 다를 수 있어요.

예) 스윙 그네 놀이기구를 넣었지만 작동되지 않고 그냥 그네를 타는 것이 끝입니다.

3. 도구 상자를 실행하고 검색창에 "seesaw"를 입력합니다. 시소를 클릭하여 잔디밭위에 배치합니다. [홈]-[회전], [이동]을 클릭하고 방향과 위치를 변경합니다. 원하는 시소를 3가지 종류로 삽입 위치를 변경합니다.

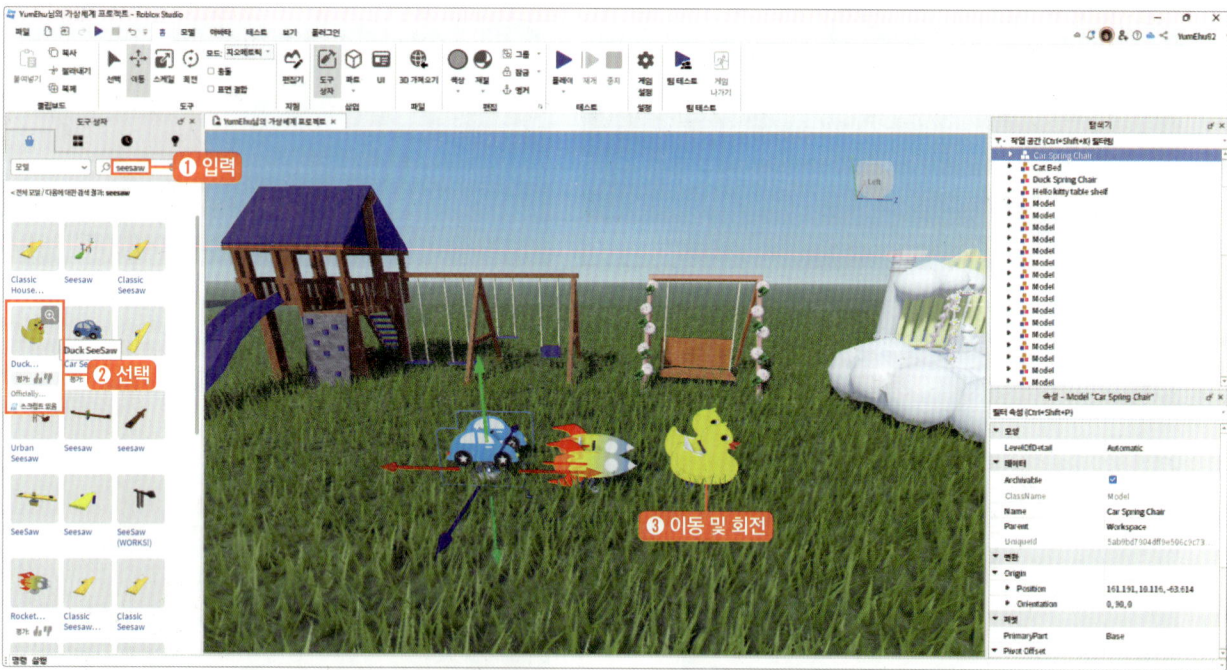

02 놀이기구를 단축키 사용하여 복제하기

1. 시소 3개를 나란히 위치하도록 위치를 변경합니다. 첫 번째 시소를 먼저 마우스로 클릭하여 선택한 후, 두 번째 시소는 Shift 키와 함께 클릭합니다. 세 번째 시소도 같은 방법으로 Shift 키와 함께 클릭합니다.

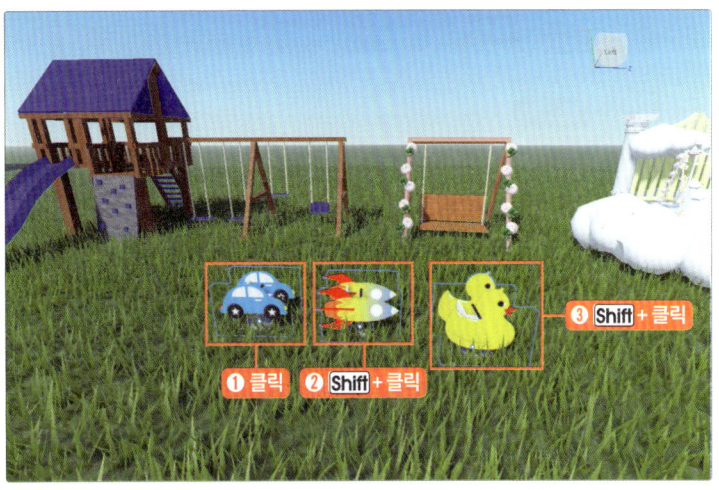

2. 시소 그림의 테두리가 파란색으로 선택되었는지 확인합니다. 이어서, Ctrl + D 키를 눌러서 복제합니다. [홈]-[이동]을 클릭하여서 화살표를 드래그합니다. 올바르게 3개의 시소가 복제되었는지 확인합니다.

3. 도구 상자를 실행하고 검색창에 "slide"를 입력합니다. 원하는 미끄럼틀을 3가지 종류로 삽입 위치를 변경합니다.

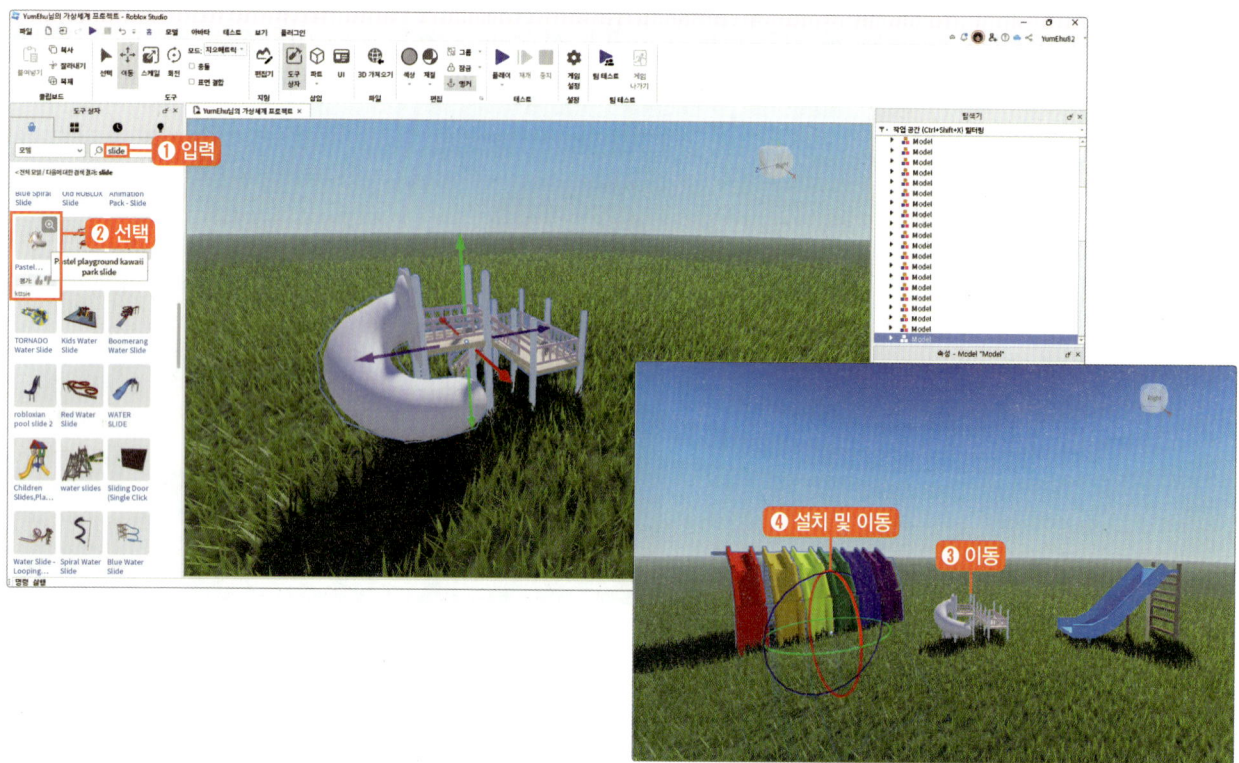

4. 놀이터에 모래사장을 만들기 위해 도구상자-카테고리-<모두 보기> 단추를 클릭 후, [조경]-[모래]-<모두 보기> 단추를 클릭합니다.

    ※ 스크롤바를 아래로 내리면서 위치를 확인해 주세요.

5. 'sand dunm'모델을 선택하고 [홈]-[이동]을 클릭하여서 위치를 변경합니다. [홈]-[회전]을 클릭하여서 방향을 변경합니다.

 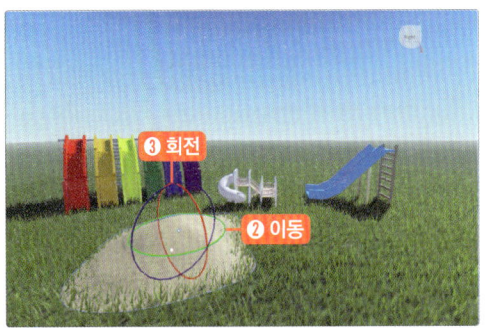

6. 'sand lisand'모래사장 모델을 클릭하고 F 키를 눌러 카메라의 초점을 맞춘 후, 모래사장에 필요한 'sand' 모델을 클릭하여 삽입합니다.

 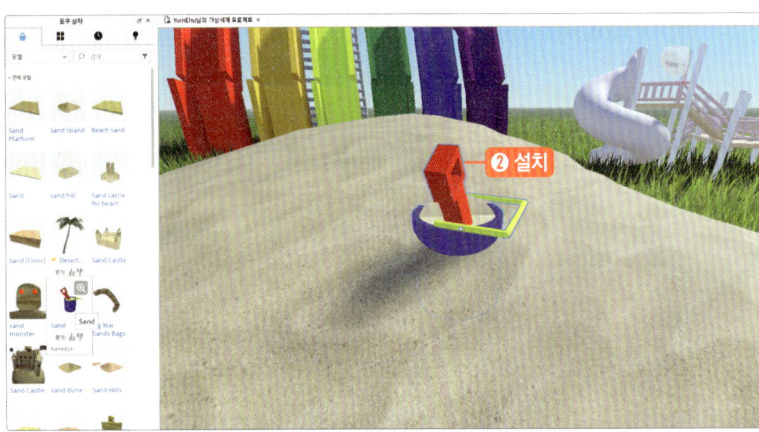

7. 원하는 다른 모델을 3가지 종류를 선택하여 삽입합니다. 삽입된 모델의 크기와 방향 위치를 변경하여 완성합니다.

8. 플레이를 실행하였을 때 처음으로 캐릭터가 위치하는 "spwan"위치를 만들기 위해 모델을 검색하고 원하는 위치에 삽입합니다.

9. [홈]-[플레이]를 클릭하여서 놀이터가 완성된 모습을 경험해 봅니다.

10. Esc 키를 누른 다음 <나가기> 단추를 클릭합니다.

Chapter 12 미션 수행하기

▶ 불러올 파일 : 없음   ▶ 완성된 파일 : 없음

▶ 나의 놀이터에 놀이기구와 물건들을 넣어서 꾸며보자(음수대, 쉼터, 의자 등)

Chapter 13 파워포인트로 만드는 나의 놀이터를 소개해요

▶ 불러올 파일 : 로블록스 포트폴리오_놀이터.pptx   ▶ 완성된 파일 : 로블록스 포트폴리오_놀이터(완성).pptx

학습목표

- 로블록스 스튜디오를 열고 나만의 놀이터를 캡처해서 원하는 곳을 저장할 수 있습니다.
- 파워포인트를 열고 나의 카페를 소개하는 포트폴리오는 완성할 수 있습니다.

01 나만의 놀이터 그림 캡처해서 원하는 곳을 저장하기

1. 로블록스 스튜디오를 실행하고 [체험]-저장된 플레이스를 클릭한 후, [플레이]를 클릭하여서 실행합니다.

2. 사진을 찍고 싶은 위치에서 카메라의 방향과 위치를 조정한 후, 정면을 바라보고 캡처 도구를 실행하여 <새 캡처> 단추를 클릭합니다.

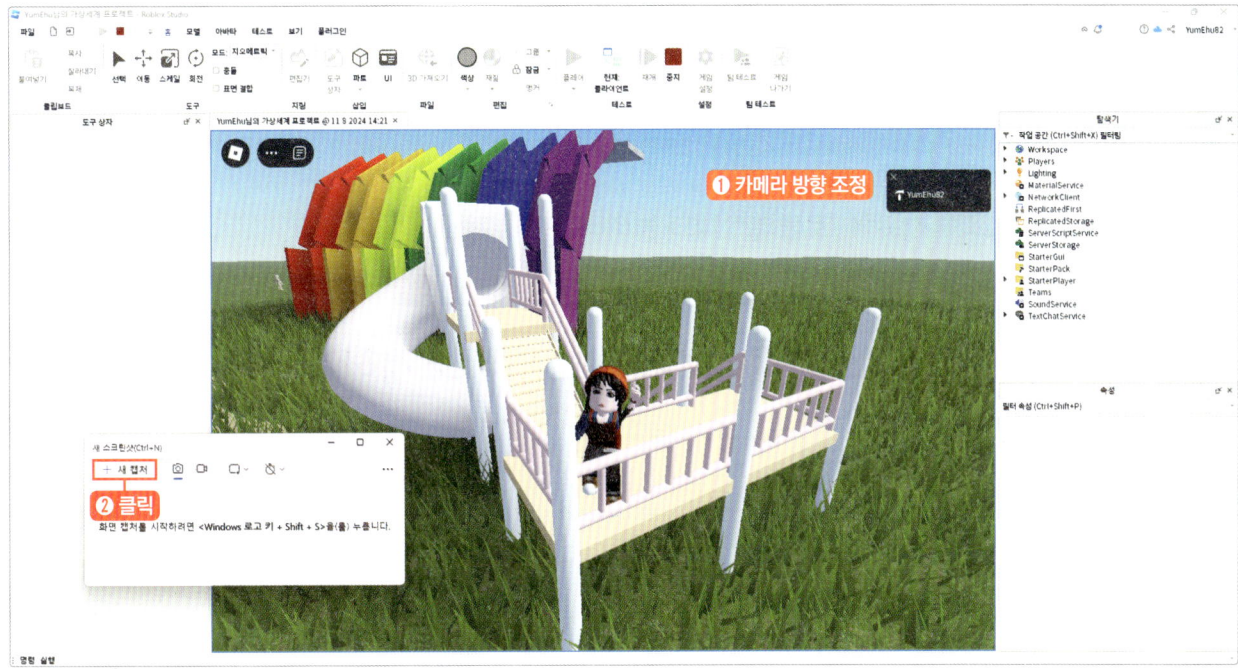

3. 원하는 부분만큼 드래그한 후, 캡처된 이미지를 저장하기 위해 상단 오른쪽 <다른 이름으로 저장> 단추를 클릭하여 저장합니다.

4. 같은 방법으로 소개하고 싶은 놀이터를 선택하여 그림을 5장 캡처하고 저장합니다.

02 나의 놀이터를 소개하는 포트폴리오는 완성하기

1. 파워포인트를 실행한 다음 [열기]를 클릭합니다. 이어서, [찾아보기]를 클릭하여 [불러올 파일]-[CHAPTER 13]-'로블록스 포트폴리오_놀이터.pptx' 파일을 불러옵니다.

   한쇼 2022   [한쇼 2022] 실행-[내 컴퓨터에서 불러오기]

2. '이곳에 제목을 입력하세요.'에 "로블록스 나의 놀이터 소개하기"를 입력합니다.

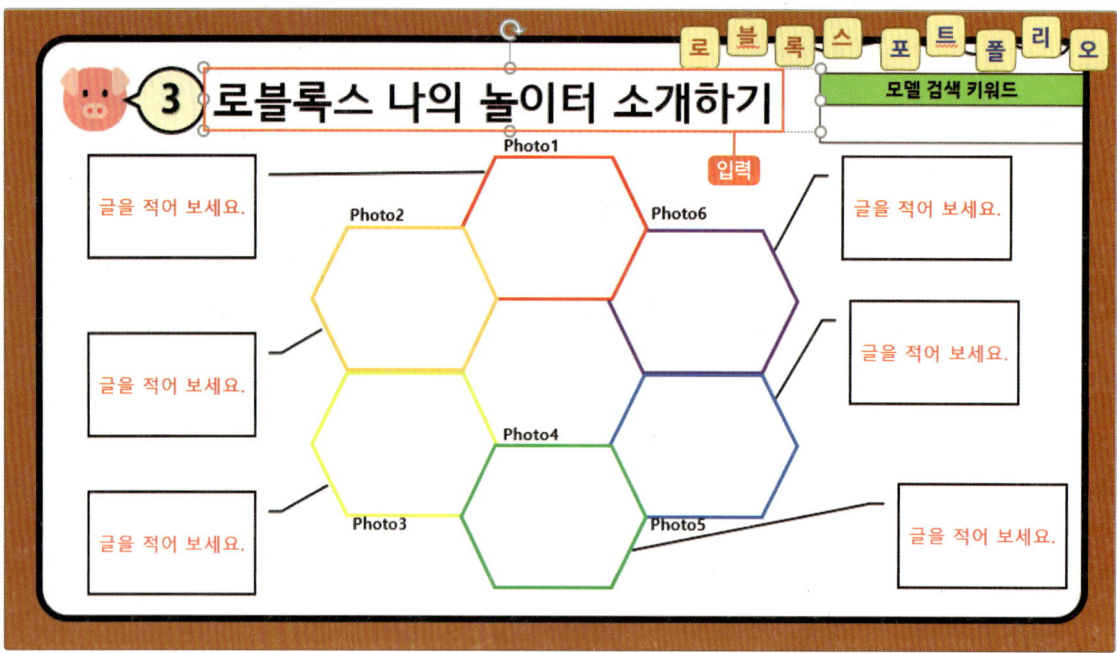

3. 캡처한 그림을 삽입하기 위해 빨간색 육각형 도형을 클릭하고 [도형 서식]-[도형 채우기]-[그림]을 클릭합니다.

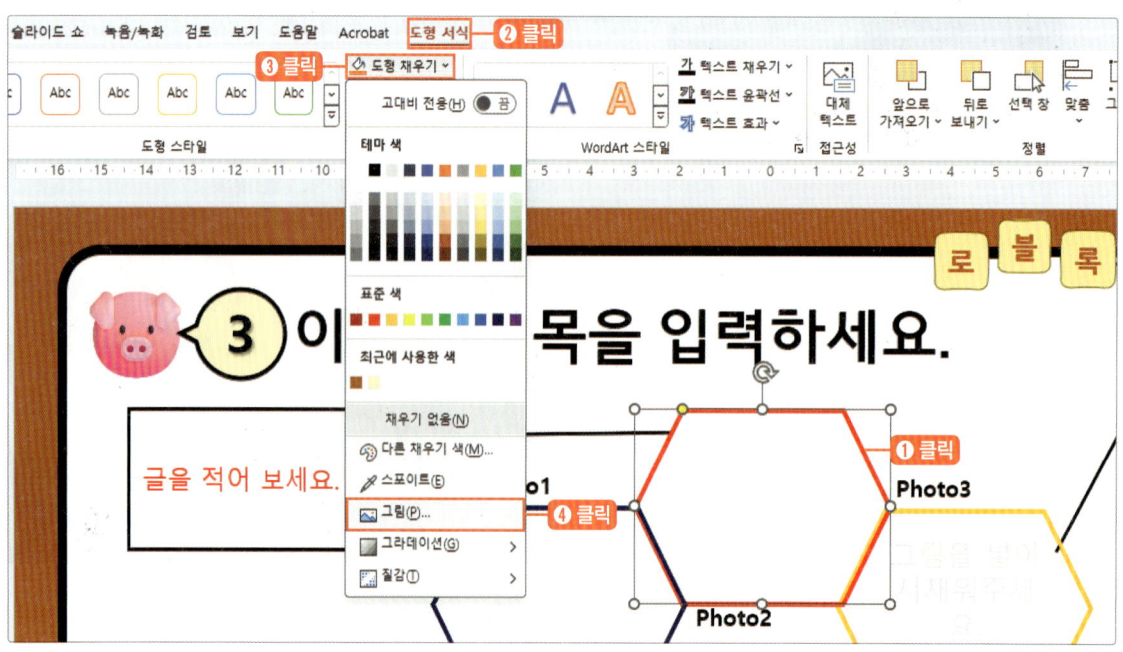

한쇼 2022   [도형( )] 탭-[도형 채우기]-[그림]

4. [그림 삽입]-[파일에서]를 클릭한 다음 '놀이터1.png'를 선택하고 <삽입> 단추를 클릭합니다.

※ 본인 폴더에 캡처하여 저장된 파일을 사용하세요.

한쇼 2022 [그림 넣기] 대화 상자에서 그림 선택

5. '글을 적어보세요' 설명선 도형을 클릭한 다음 나의 놀이터를 소개하는 내용을 자유롭게 입력합니다.

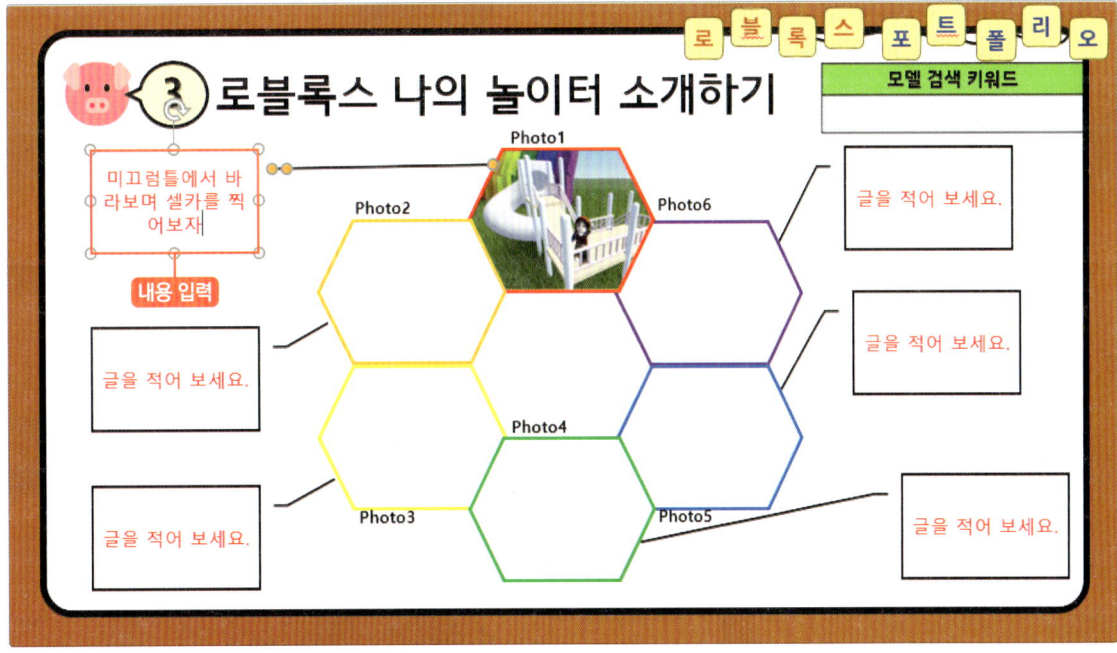

6. 'Photo2' 부분도 같은 방법으로 [그림 삽입]-[파일에서]를 클릭한 다음 '놀이터2.png'를 선택하여 삽입하고 '글을 적어보세요' 설명선 도형을 클릭하여 내용을 자유롭게 입력합니다.

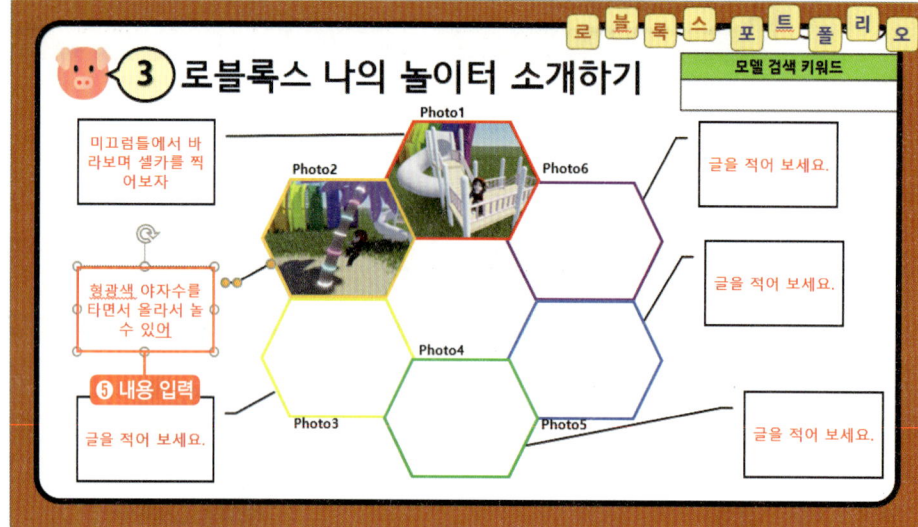

7. 같은 방법으로 나머지 도형에 그림을 삽입한 다음 설명선 도형에 내용을 자유롭게 입력해 봅니다.

Chapter 13 미션 수행하기

▶ 불러올 파일 : 없음   ▶ 완성된 파일 : 없음

- 모델 검색으로 놀이터에 추가하고 싶은 모델의 키워드 영어단어를 직접 적어보세요.

▶ 불러올 파일 : 미션 수행 01.pptx   ▶ 완성된 파일 : 미션 수행 01(완성).pptx

- 파일을 불러와 에티켓에 대한 내용을 생각해 본 다음 입력합니다.

Chapter 14 [스튜디오로 만드는 나만의 가상 세계] 여섯 번째! 축구장 만들기

▶ 불러올 파일 : 없음　▶ 완성된 파일 : 축구장 만들기.rbxl

 학습목표
- 검색창 'soccer'을 검색하여 축구장 필드를 만들 수 있습니다.
- 펜스 'fance'를 설치하여서 축구장을 안전하게 만들 수 있습니다.

◆ 키워드 검색어 → 인터넷을 검색해서 단어를 찾아 적어보자.

축구(soccer)	단어(영어 스펠링)	단어(영어 스펠링)	단어(영어 스펠링)
단어(영어 스펠링)	단어(영어 스펠링)	단어(영어 스펠링)	단어(영어 스펠링)

01 축구장 필드를 만들기

1. 로블록스 스튜디오를 실행하고 [체험]-저장된 플레이스를 클릭하여 실행합니다. 이어서, 축구장을 설치할 넓은 공간을 찾아 이동한 다음 [도구 상자]를 실행하고 검색창에 "soccer"을 입력하여 축구장을 검색한 다음 선택합니다.

094　로블록스로 PPT 만들기(파포 2021+한쇼 2022)

2. 'soccer field' 모델을 선택하여 삽입한 후, [홈]-[이동]을 클릭하고 위치를 변경합니다. 이어서, [홈]-[회전]을 클릭하고 방향을 변경합니다.

 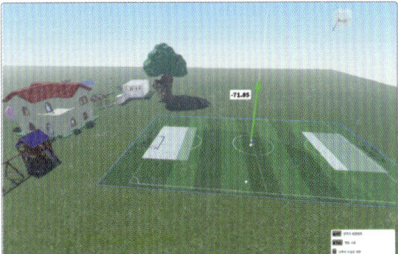 

02 안전한 축구장으로 'fance' 설치하기

1. 검색창에 "fance"를 입력합니다. 이어서, 검색된 'fance Building' 모델을 선택합니다.

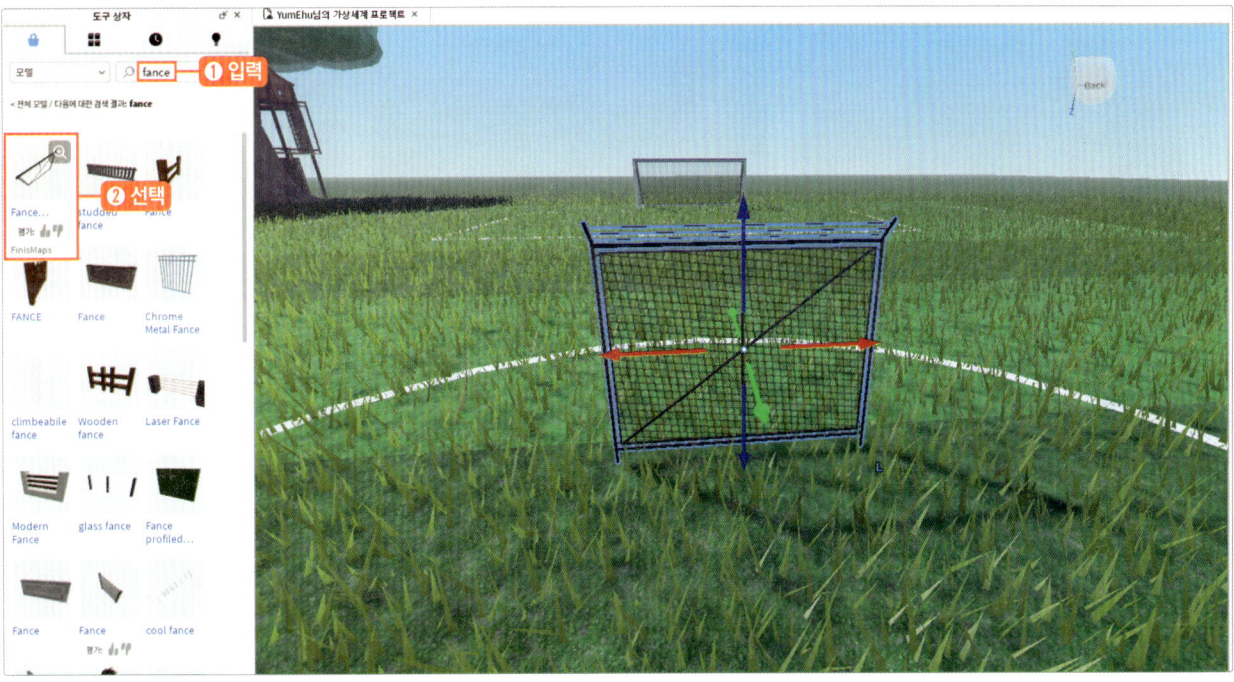

2. 삽입된 펜스를 골대 앞으로 이동하기 위해서 'fance Building' 모델을 선택하고 [홈]-[이동]을 클릭하고 위치를 변경한 후, [홈]-[스케일]을 클릭한 다음 크기를 변경합니다.

 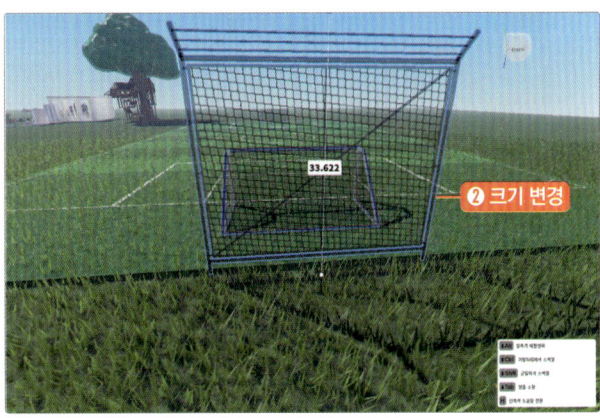

3. 펜스를 선택하고 Ctrl + D 키를 눌러 복제한 후, [홈]-[이동]을 클릭하고 빨간색 화살표를 왼쪽으로 이동하여서 복제를 완성합니다.

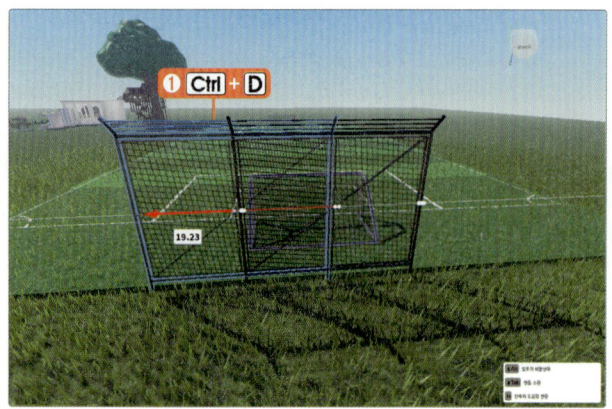 

4. 같은 방법으로 Ctrl + D 키를 눌러 복제한 후, [홈]-[이동]을 클릭하고 오른쪽과 왼쪽편으로 복제한 다음 골대 앞쪽에 펜스를 모두 완성합니다.

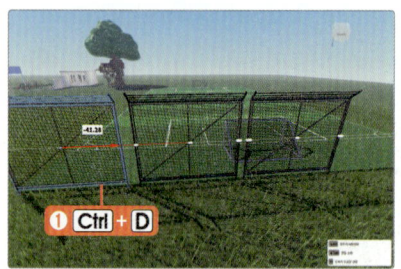  

5. 반대쪽 골대의 펜스를 만들기 위해서 이미 만들어진 펜스를 Shift 키를 누른 상태로 모두 선택합니다.

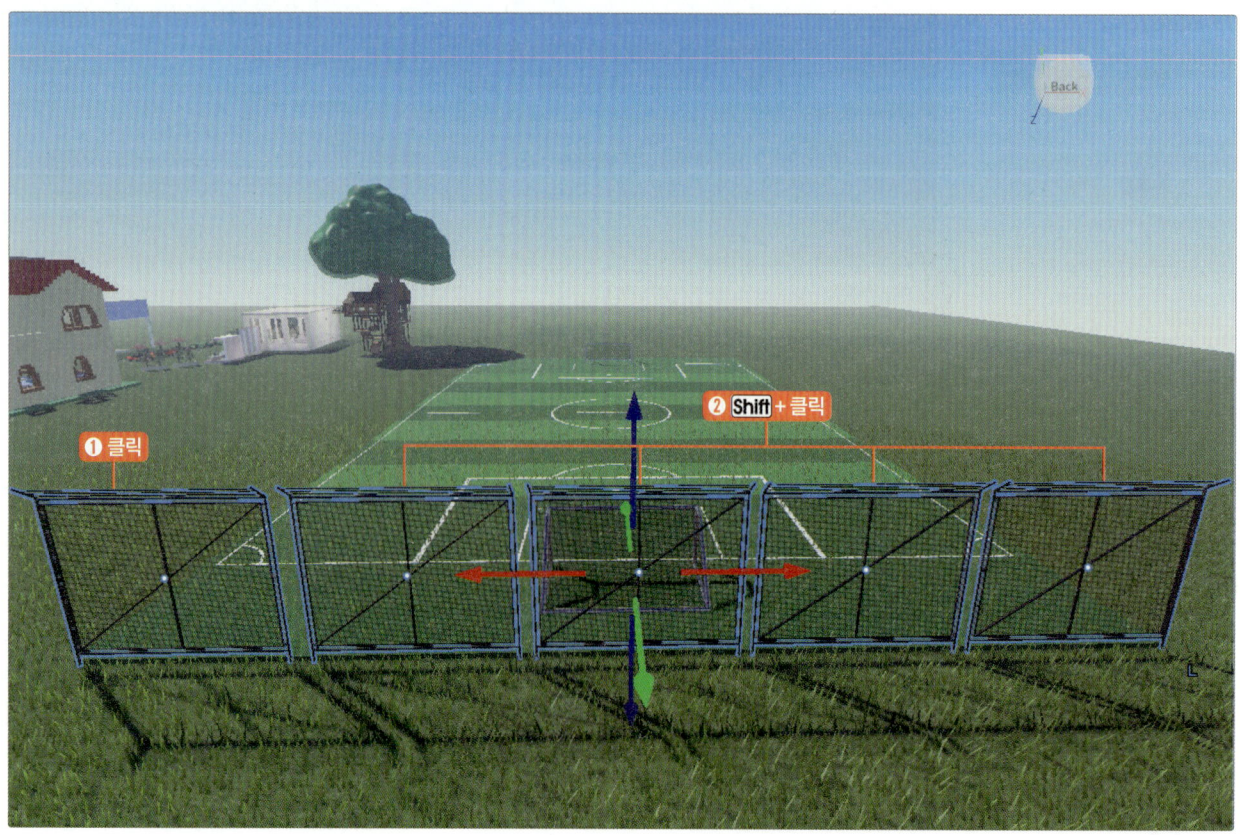

6. Ctrl + D 키를 눌러 복제한 후, [홈]-[이동]을 클릭하고 파란색 화살표를 반대쪽 골대 뒤로 옮겨서 펜스를 완성합니다.

※ 축구장 필드가 넓으므로 마우스의 오른쪽으로 카메라의 위치를 조절하며 펜스를 올바르게 위치하도록 이동합니다.

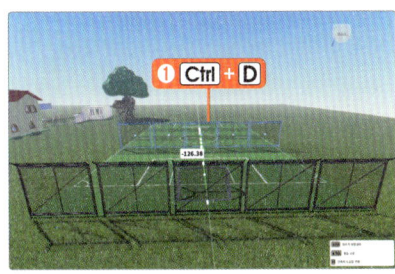  

7. 양쪽 필드에도 펜스를 설치하기 위해서 기존에 만들어놓은 골대 앞 펜스를 Shift 키를 클릭하여 모두 선택합니다. 이어서, Ctrl + D 키를 눌러 복제한 다음 [홈]-[이동]을 클릭하여 필드의 중앙까지 이동하고 오른쪽 필드의 밖으로 이동합니다.

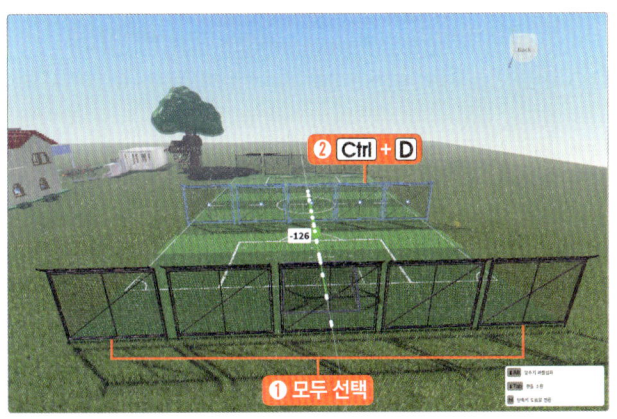 

> **TIP**
> 복제를 많이 하였기 때문에 클릭이 풀립니다. 그렇기 때문에 필드밖으로 이동해서 선택을 쉽게 하도록 합니다.

8. 펜스가 풀렸다면 마우스로 드래그하여 펜스를 선택하고 [홈]-[회전]을 클릭하여 방향을 변경한 후, [홈]-[이동]을 클릭하여 축구장 필드 가까이로 이동합니다.

9. 마우스 오른쪽 단추를 클릭하여 카메라 시점을 이동하여서 축구장 오른쪽 방향을 볼 수 있도록 조절합니다. 그 다음 양쪽에 부족한 펜스 부분을 채우기 위하여 Ctrl + D 키를 눌러 복제한 후, [홈]-[이동]을 클릭하여 펜스를 완성합니다.

10. 반대쪽 펜스도 완성하기 위해 만들어진 펜스를 Shift 키를 누른 상태로 모두 선택 합니다. 이어서, Ctrl + D 키를 눌러 복제한 다음 [홈]-[이동]을 클릭하여 반대편으로 이동하고 카메라를 줌으로 변경하여서 완성된 펜스를 확인합니다.

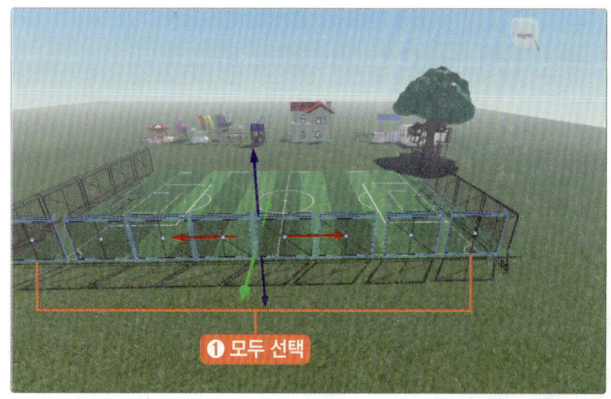

Chapter 14 미션 수행하기

▶ 불러올 파일 : 없음 ▶ 완성된 파일 : 축구장 미션 수행.rbxl

■ 축구장에 필요한 다양한 물건을 넣어보자.

※ 검색 'SCCOER'을 입력하고 '축구공', 'NPC', 'Soccer VAR', 'Soccer Stadium Light'를 축구장에 배치합니다.

Chapter 15 파워포인트로 만드는 나의 축구장을 소개해요

▶ 불러올 파일 : 로블록스 포트폴리오_축구장.pptx   ▶ 완성된 파일 : 로블록스 포트폴리오_축구장(완성).pptx

 학습목표

- 로블록스 스튜디오를 열고 나만의 놀이터를 캡처해서 원하는 곳을 저장할 수 있습니다.
- 파워포인트를 열고 나의 축구장을 소개하는 포트폴리오는 완성할 수 있습니다.

01 나만의 축구장 그림 캡처해서 원하는 곳을 저장하기

1. 로블록스 스튜디오를 실행하고 [체험]-저장된 palce를 클릭한 후, [플레이]를 클릭하여서 실행합니다.

2. 사진을 찍고 싶은 위치에서 카메라의 방향과 위치를 조정한 후, 정면을 바라보고 캡처 도구를 실행하여 <새 캡처> 단추를 클릭합니다.

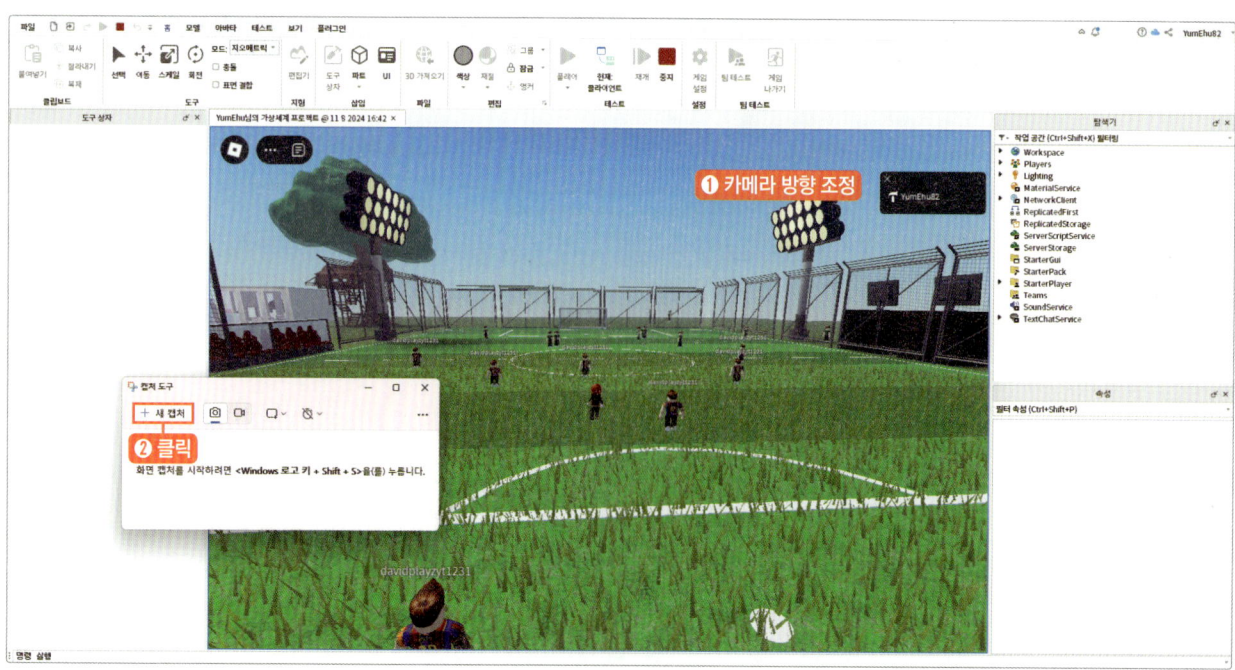

3. 원하는 부분만큼 드래그한 후, 캡처된 이미지를 저장하기 위해 상단 오른쪽 <다른이름으로 저장> 단추를 클릭하여 저장합니다.

4. 같은 방법으로 나의 축구장에서 소개하고 싶은 곳을 선택하여 그림을 2장 캡처하고 저장합니다.

02 나의 축구장을 소개하는 포트폴리오는 완성하기

1. 파워포인트를 실행한 다음 [열기]를 클릭합니다. 이어서, [찾아보기]를 클릭하여 [불러올 파일]-[CHAPTER 15]-'로블록스 포트폴리오_축구장.pptx' 파일을 불러옵니다.

    한쇼 2022 [한쇼 2022] 실행-[내 컴퓨터에서 불러오기]

2. '이곳에 제목을 입력하세요.'에 "로블록스 나의 축구장 소개하기"를 입력합니다.

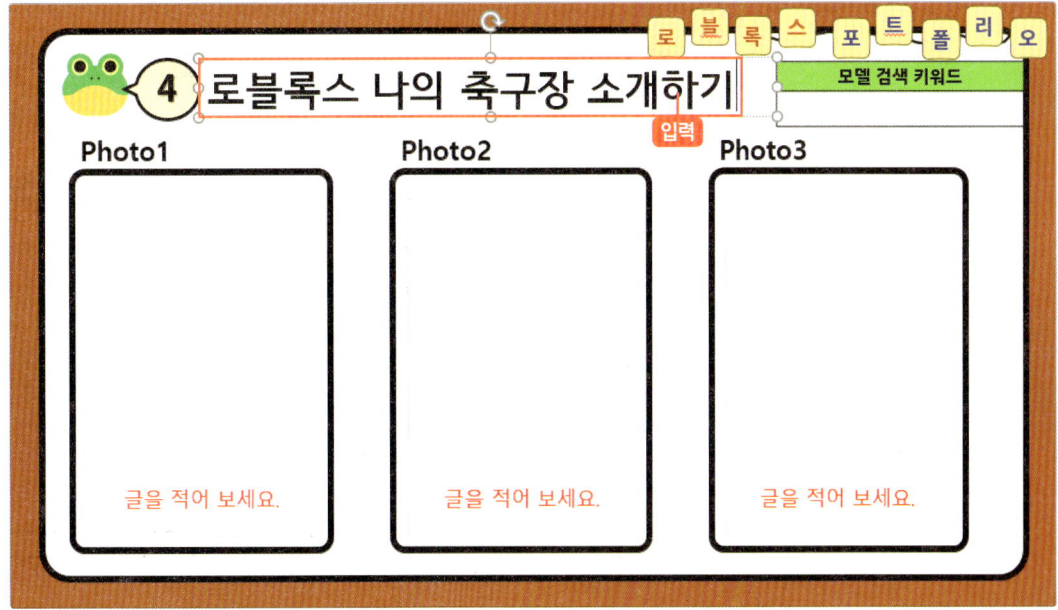

3. 캡처한 그림을 삽입하기 위해서 도형을 클릭하고 [도형 서식]-[도형 채우기]-[그림]을 클릭합니다.

한쇼 2022
[도형( )] 탭-[도형 채우기]-[그림]

4. [그림 삽입]-[파일에서]를 클릭한 다음 '축구장1.png'를 선택하고 <삽입> 단추를 클릭합니다.
   ※ 본인 폴더에 캡처하여 저장된 파일을 사용하세요.

한쇼 2022
[그림 넣기] 대화 상자에서 그림 선택

5. '글을 적어보세요' 텍스트 상자를 클릭하고 나의 축구장을 소개하는 내용을 자유롭게 입력합니다.

6. 'Photo2' 부분도 같은 방법으로 [그림 삽입]-[파일에서]를 클릭한 다음 '축구장2.png'를 선택하여 삽입 후, '글을 적어보세요' 텍스트 상자를 클릭하고 내용을 자유롭게 입력합니다.

한쇼 2022 [도형( )] 탭-[도형 채우기]-[그림]-[그림 넣기]-'그림 선택'

7. 'Photo3' 부분도 같은 방법으로 [그림 삽입]-[파일에서]를 클릭한 다음 '축구장3.png'를 선택하여 삽입 후, '글을 적어보세요' 텍스트 상자를 클릭하고 내용을 자유롭게 입력합니다.

한쇼 2022 [도형( )] 탭-[도형 채우기]-[그림]-[그림 넣기]-'그림 선택'

▶ 불러올 파일 : 미션 수행 01.pptx   ▶ 완성된 파일 : 미션 수행 01(완성).pptx

■ 파일을 불러와 에티켓에 대한 내용을 생각해 본 다음 입력합니다.

Chapter 16 [스튜디오로 만드는 나만의 가상 세계] 일곱 번째! 수영장 만들기

▶ 불러올 파일 : 없음   ▶ 완성된 파일 : 수영장 만들기.rbxl

- 파트 블록을 사용하여서 수영장 바닥을 만들 수 있어요.
- 펜스를 이용하여 수영장 벽을 만들 수 있습니다.
- 물을 채워서 수영장을 완성할 수 있어요.
- 수영장에 필요한 모델을 넣어서 완성할 수 있어요.

◆ 키워드 검색어 → 인터넷을 검색해서 단어를 찾아 적어보자.

단어(영어 스펠링)	단어(영어 스펠링)	단어(영어 스펠링)	단어(영어 스펠링)
단어(영어 스펠링)	단어(영어 스펠링)	단어(영어 스펠링)	단어(영어 스펠링)

01 나만의 수영장 만들기

1. 로블록스 스튜디오를 실행하고 [체험]-저장된 플레이스를 클릭하여 실행합니다. 수영장을 설치할 넓은 공간을 찾아 이동합니다. [홈]-[파트]를 클릭하여 파트를 생성한다.

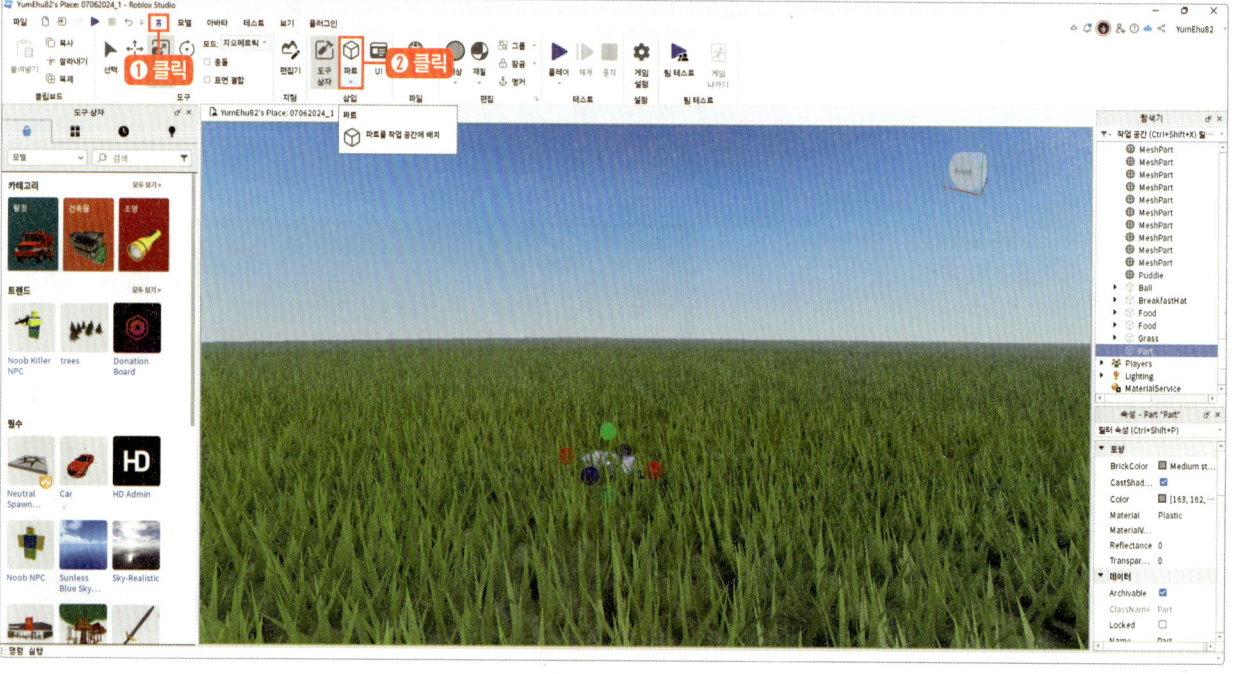

2. 파트를 클릭하고 [홈]-[스케일]을 누른 후, 마우스를 드래그하여 "50, 3, 100"으로 사이즈를 변경합니다.

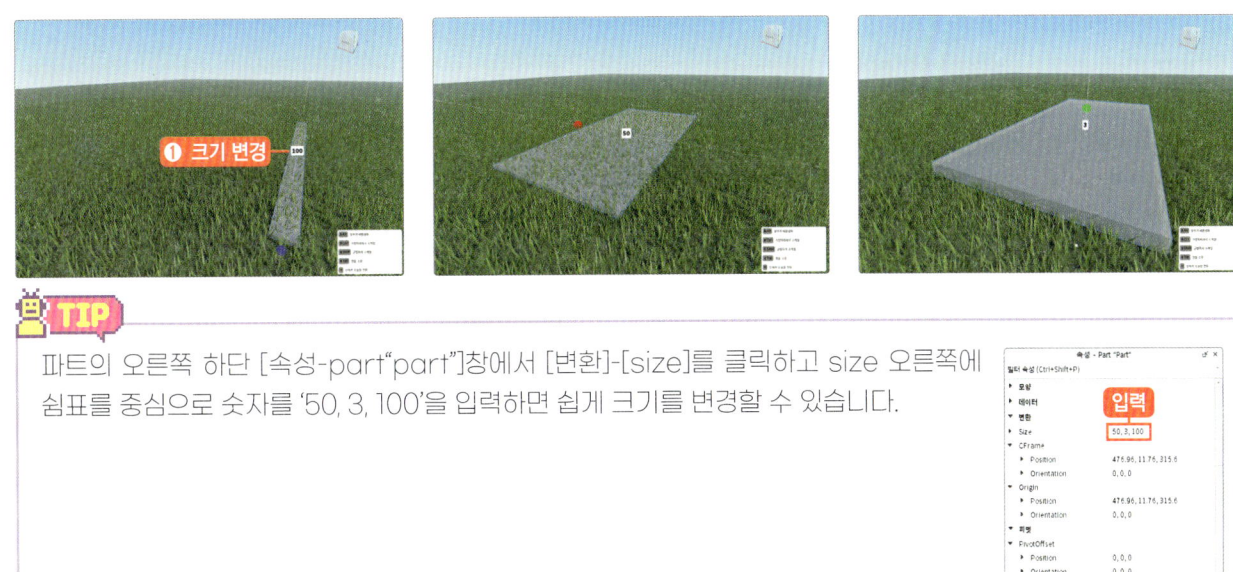

TIP

파트의 오른쪽 하단 [속성-part"part"]창에서 [변환]-[size]를 클릭하고 size 오른쪽에 쉼표를 중심으로 숫자를 '50, 3, 100'을 입력하면 쉽게 크기를 변경할 수 있습니다.

3. 도구 상자를 클릭한 다음 모델 검색창에 "fance"를 입력하고 모델을 삽입합니다. 이어서, 'fance' 모델을 클릭하고 [홈]-[이동]을 눌러 위치를 파트의 끝으로 이동합니다.

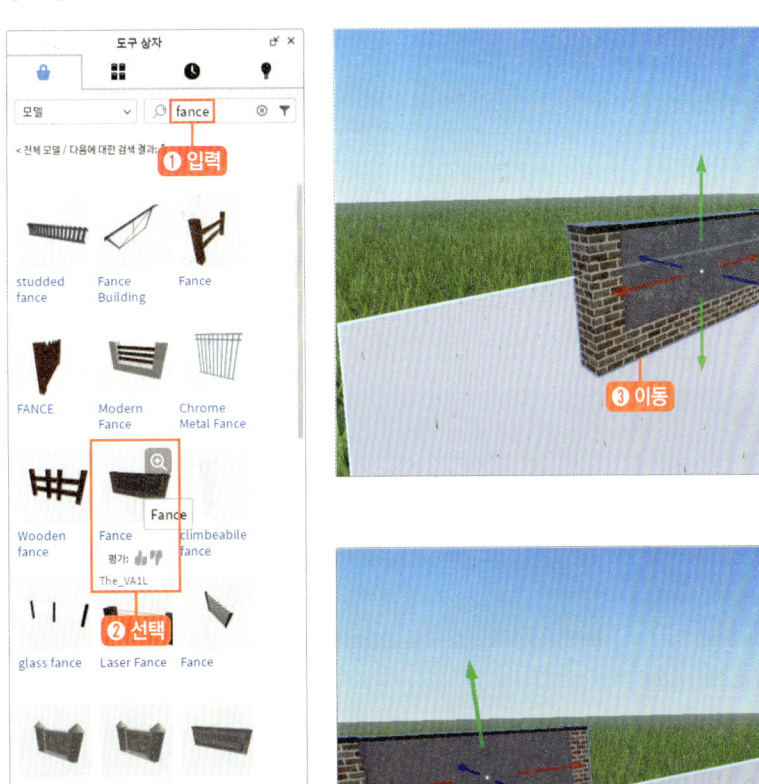

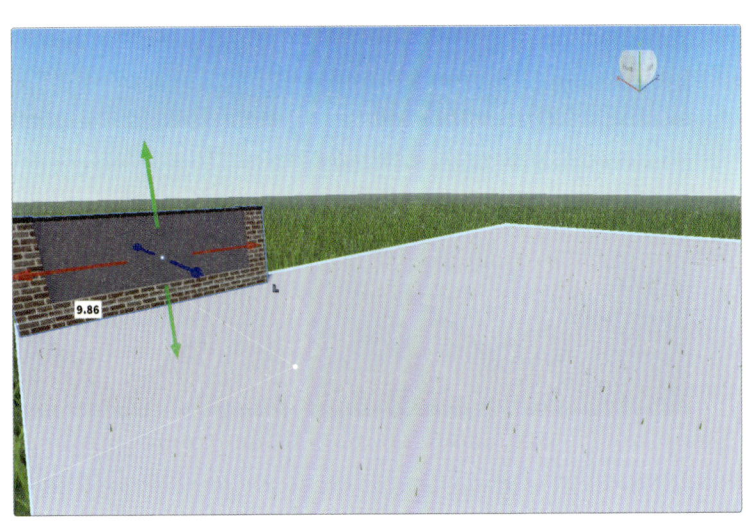

CHAPTER 16 [스튜디오로 만드는 나만의 가상 세계] 일곱 번째! 수영장 만들기 **105**

4. Ctrl + D 키를 눌러 복제하고 이동합니다. 이어서, 같은 방법으로 복제한 다음 이동하여 한쪽 벽면을 완성합니다.

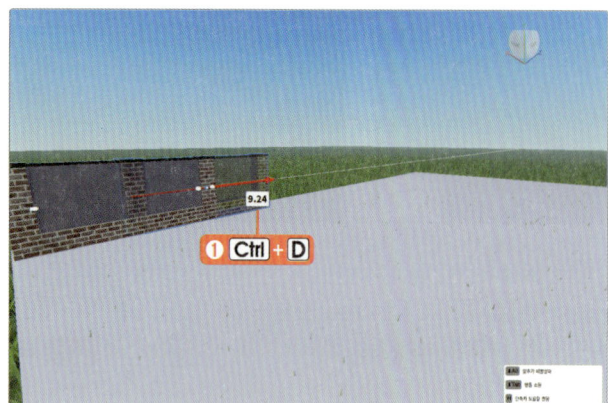 

5. 완성된 한쪽 벽면을 반대쪽으로 복제하기 위해서 'fance' 모델을 Ctrl 키를 누르면서 모두 선택하고 Ctrl + D를 눌러 복제합니다. 이어서, 반대쪽으로 이동하여 벽면을 완성합니다.

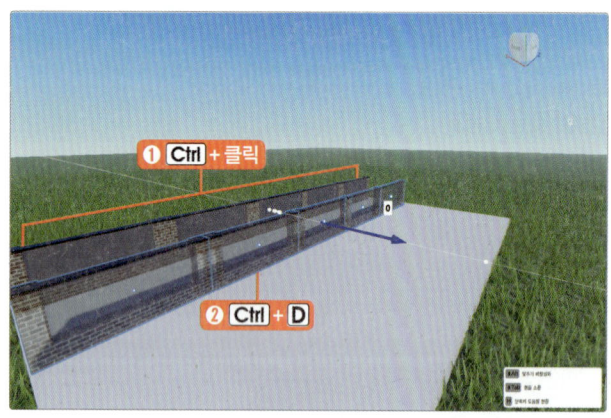 

6. 같은 방법으로 'fance' 모델을 만들고 복제한 다음 수영장 전체에 펜스를 완성하여 봅니다.

02 수영장 문을 만들고 수영장 안에 물을 채워서 수영을 해보기

1. 수영장 벽면에 문을 만들기 위해서 설치한 한 개의 펜스를 삭제하고 도구상자의 모델 검색창에 "door"을 입력한 다음 모델을 삽입합니다.

   ※ door의 비밀번호는 2323입니다.

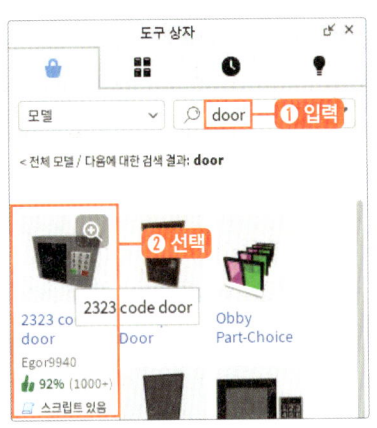

2. 물을 채워 넣기 위해서 도구상자의 모델 검색창에 "water"을 입력하고 'swimmable Water' 모델을 넣어서 수영장에 들어갈 크기를 지정합니다.

   ※ 다른 물을 넣으면 캐릭터가 목숨을 잃어버릴 수 있어요. 교재와 같은 모델이 안 나온다면 'swimmable Water'를 입력해서 검색합니다.

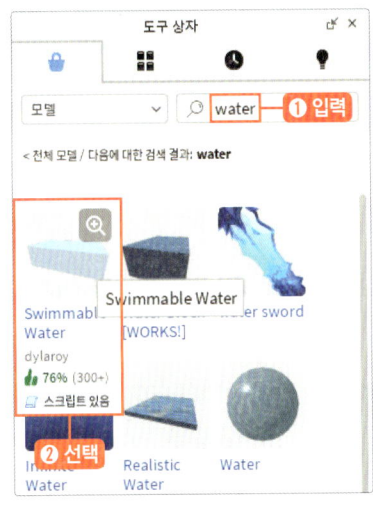
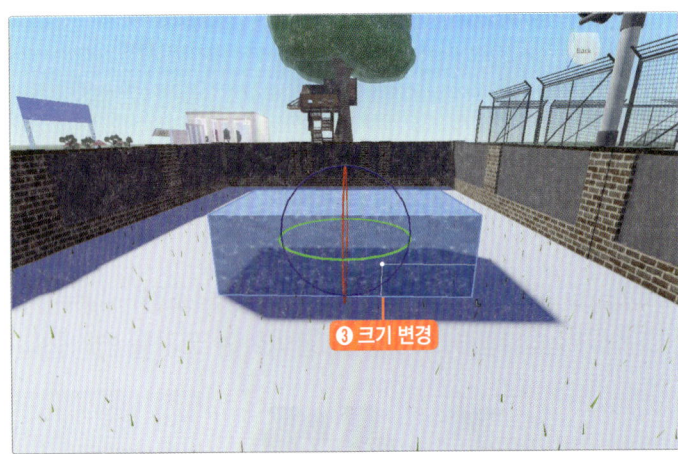
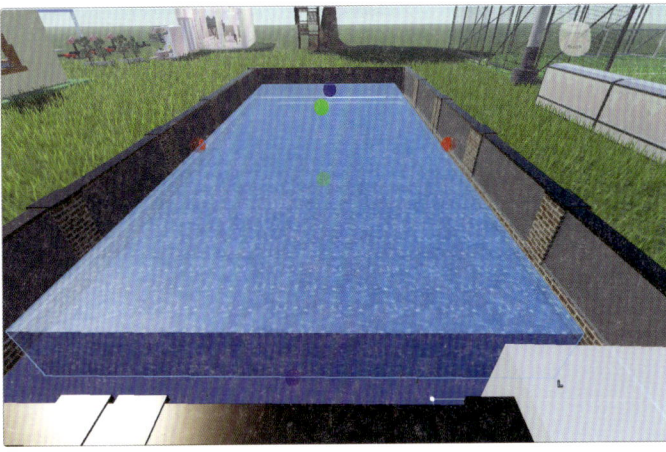

3. 수영장 안에서 직접 수영할 수 있는지 체험하기 위해서 [홈]-[플레이]-[여기에서 플레이]를 눌러 확인합니다.

> **TIP**
> 펜스들이 부서져 있을 수 있습니다. 균형이 맞지 않거나 비틀어진 경우입니다. 펜스를 클릭한 다음 [홈]-[앵커]를 눌러서 고정하면 펜스가 부서지지 않고 올바른 모양으로 보입니다.

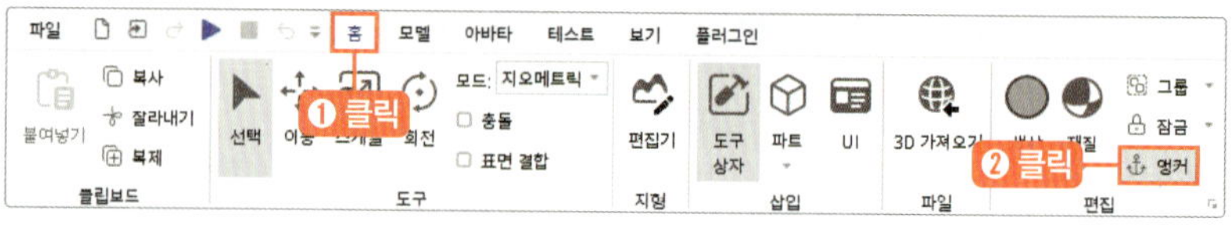

03 나만의 멋진 수영장 완성하기

1. [도구 상자]-[카테고리]-[모두 보기]-[조경]-[나무]-[모두 보기]를 클릭합니다. 수영장 주위로 나무를 클릭하여 삽입 [홈]-[스케일]을 클릭하여 크기를 변경합니다.

2. 나무를 선택하고 Ctrl + D 키를 눌러 복제합니다. 이어서, [홈]-[이동]을 클릭한 다음 이동하여서 복제를 완성합니다.

3. 도구 상자의 검색창에 "tube"를 입력하고 튜브 모델을 선택하여 삽입합니다.

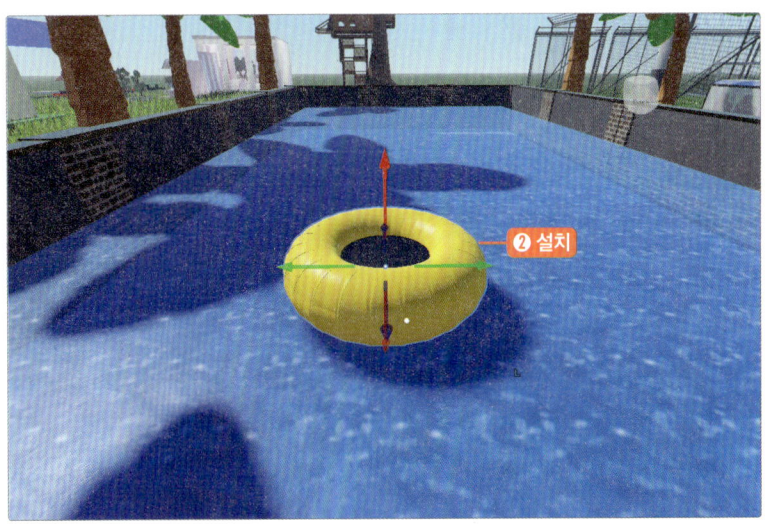

4. 검색창에 "lifeguard"를 입력합니다. 이어서, 원하는 모델을 선택하여 삽입하고 [홈]-[이동], [회전], [스케일]을 사용하여서 변경합니다.

5. [홈]-[플레이]를 클릭하여서 수영장이 완성된 모습을 경험해 본 다음 저장을 합니다.

Chapter 16 미션 수행하기

▶ 불러올 파일 : 없음　▶ 완성된 파일 : 수영장 미션 수행.rbxl

- 검색창에 'water slide'를 입력한 다음 스릴 만점 워터 슬라이드 모델을 넣어서 완성할 수 있어요.

Chapter 17 파워포인트로 만드는 나의 수영장을 소개해요

▶ 불러올 파일 : 로블록스 포트폴리오_수영장.pptx   ▶ 완성된 파일 : 로블록스 포트폴리오_수영장(완성).pptx

- 캡처 도구의 영상 촬영을 사용할 수 있습니다.
- 글자와 그림 및 영상을 삽입하여 수영장 소개를 완성할 수 있습니다.

01 나만의 수영장 그림 캡처해서 원하는 곳을 저장하기

1. 로블록스 스튜디오를 실행하고 [체험]-저장된 플레이스를 클릭한 후, [플레이]를 클릭하여서 실행합니다.

2. 사진을 찍고 싶은 위치에서 카메라의 방향과 위치를 조정한 후, 정면을 바라보고 캡처 도구를 실행하여 <새 캡처> 단추를 클릭합니다.

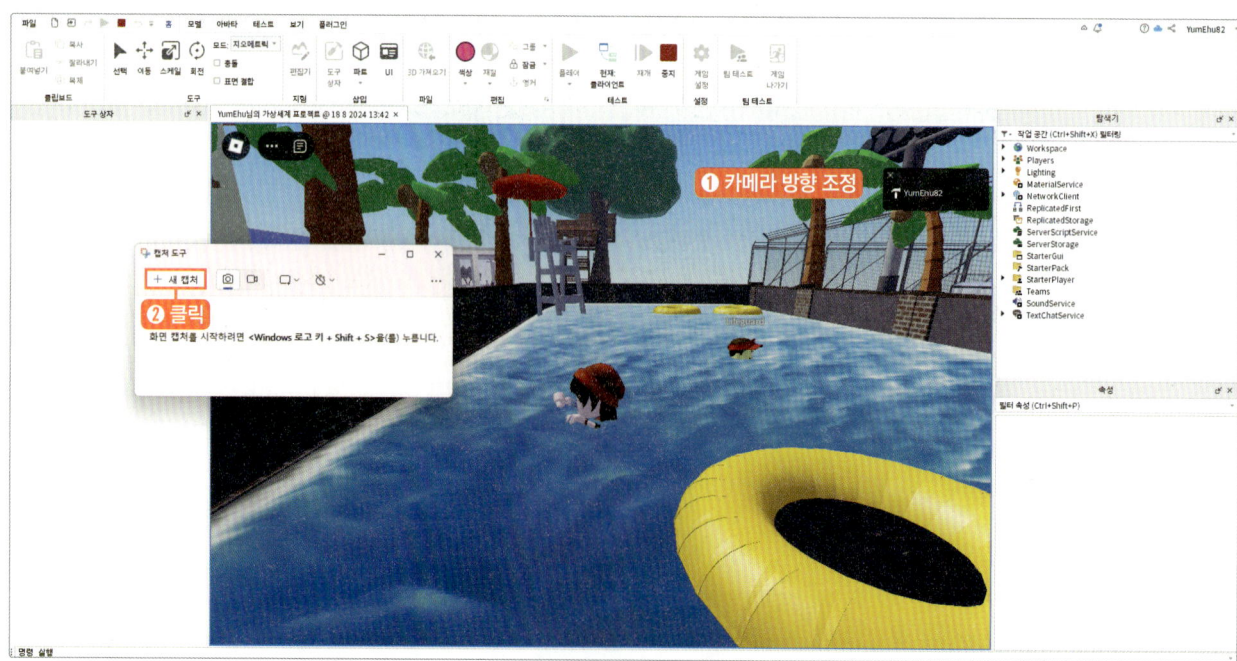

3. 원하는 부분만큼 드래그한 후, 캡처된 이미지를 저장하기 위해 오른쪽 상단의 <다른 이름으로 저장> 단추를 클릭하여 저장합니다.

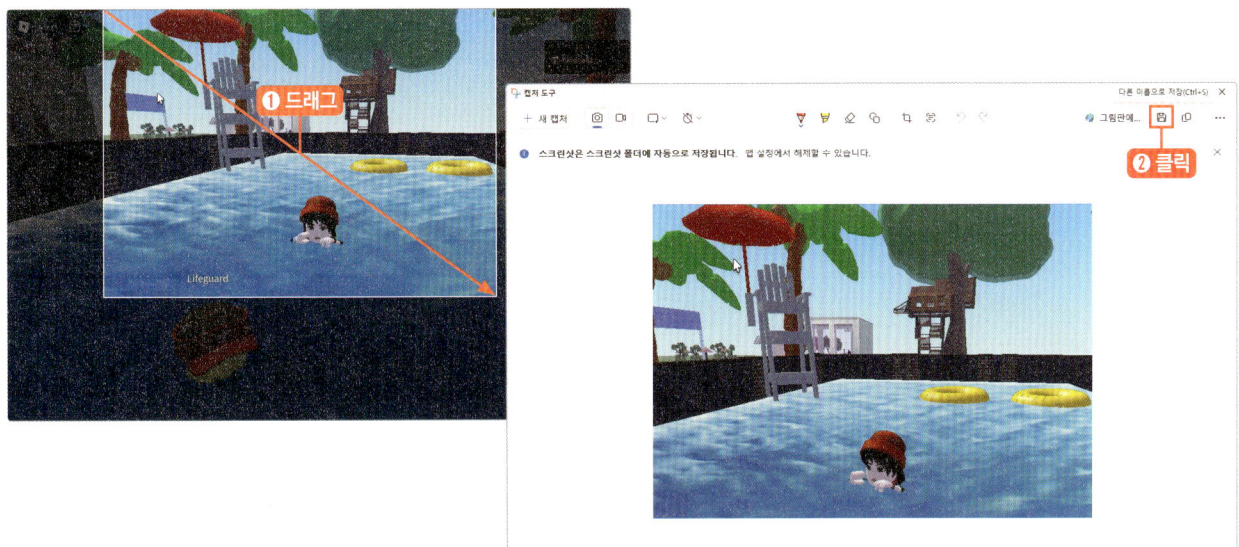

4. 수영장에서 멋지게 수영하는 모습을 영상으로 캡처하기 위해서 캡처 도구의 [녹음]을 클릭한 후, <새 캡처> 단추를 클릭합니다.

5. 녹화를 원하는 나의 모습을 드래그하여 위치를 설정합니다. 이어서, 상단의 <시작> 단추를 클릭하면 녹화가 시작됩니다.

CHAPTER 17 파워포인트로 만드는 나의 수영장을 소개해요 **113**

6. 자유롭게 헤엄치며 수영하는 나의 모습을 뽐내줍니다. 수영을 모두 마치면 상단에 빨간색의 <중지> 단추를 클릭한 다음 [캡처 도구]에서 오른쪽 상단의 <다른 이름으로 저장> 단추를 클릭하여 저장합니다.

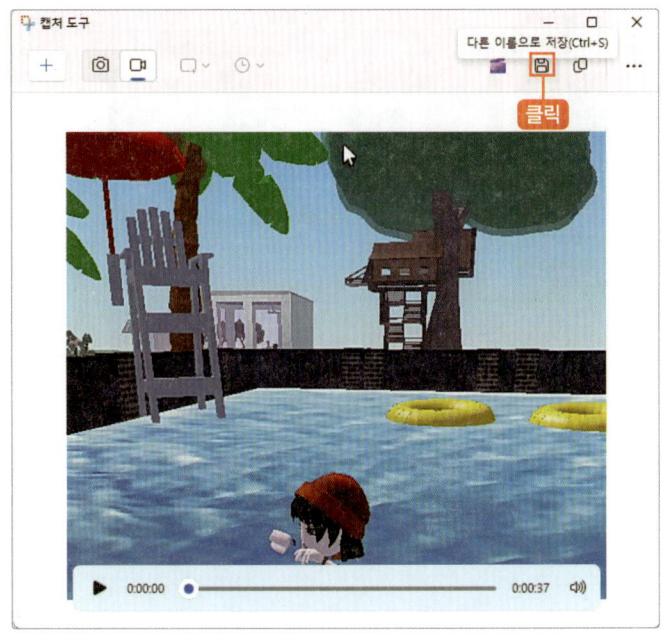

7. 나의 수영장에서 소개하고 싶은 곳을 선택하여 그림을 3장을 캡처하고 저장합니다.

02 나의 수영장을 소개하는 포트폴리오는 완성하기

1. 파워포인트를 실행한 다음 [열기]를 클릭합니다. 이어서, [찾아보기]를 클릭하여 [불러올 파일]-[CHAPTER 17]-'로블록스 포트폴리오_수영장.pptx' 파일을 불러옵니다.

   한쇼 2022 [한쇼 2022] 실행-[내 컴퓨터에서 불러오기]

2. '이곳에 제목을 입력하세요.'에 "로블록스 나의 수영장 소개하기"를 입력합니다.

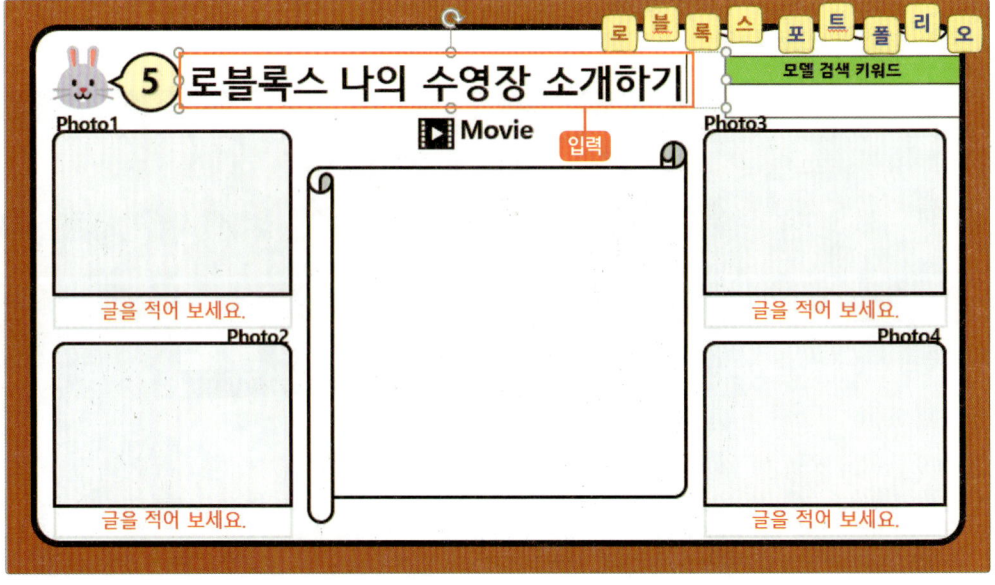

3. 캡처한 그림을 삽입하기 위해 왼쪽 상단의 도형을 클릭하고 [도형 서식]-[도형 채우기]-[그림]을 클릭합니다.

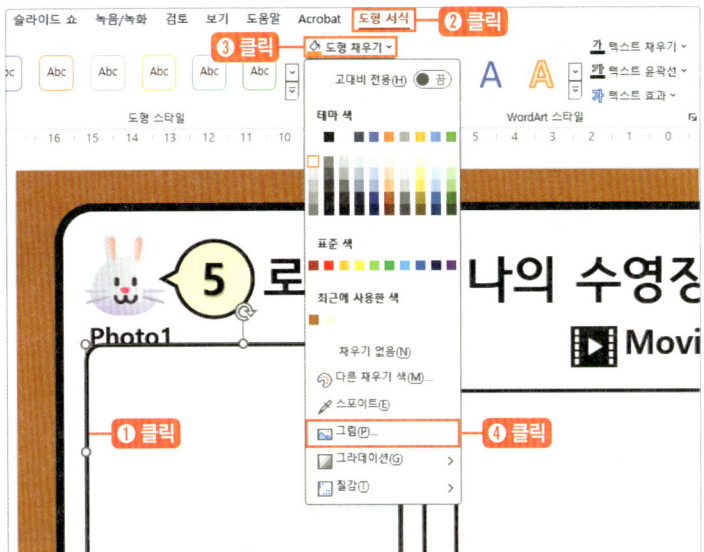

한쇼 2022 [도형( )] 탭-[도형 채우기]-[그림]

4. [그림 삽입]-[파일에서]를 클릭한 다음 사진에서 '수영장1.png'를 선택하고 <삽입> 단추를 클릭합니다.
   ※ 본인 폴더에 캡처하여 저장된 파일을 사용하세요.

한쇼 2022 [그림 넣기] 대화 상자에서 그림 선택

5. '글을 적어보세요.' 텍스트 상자에 나의 수영장을 소개하는 내용을 자유롭게 입력합니다.

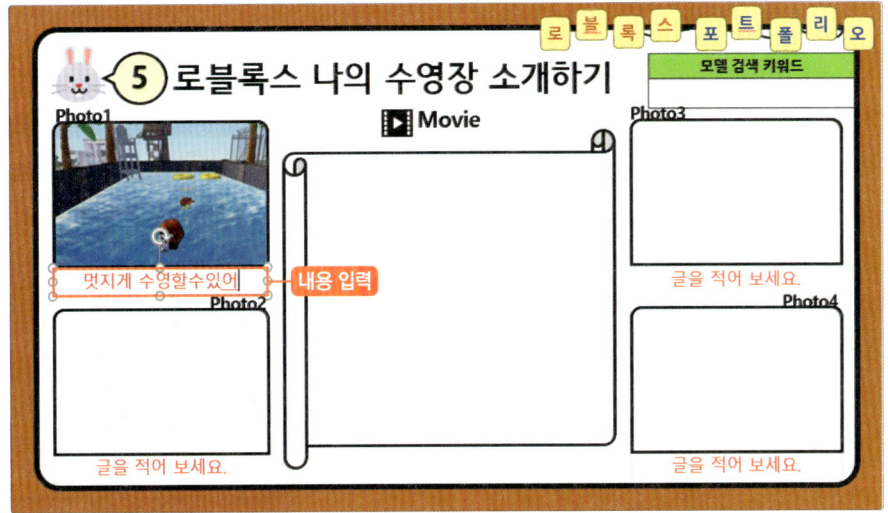

6. Photo2 부분도 같은 방법으로 [그림 삽입]-[파일에서]를 클릭한 다음 사진에서 '수영장2.png'를 선택하여 삽입 후, '글을 적어보세요.' 텍스트 상자에 나의 수영장을 소개하는 내용을 자유롭게 입력합니다.

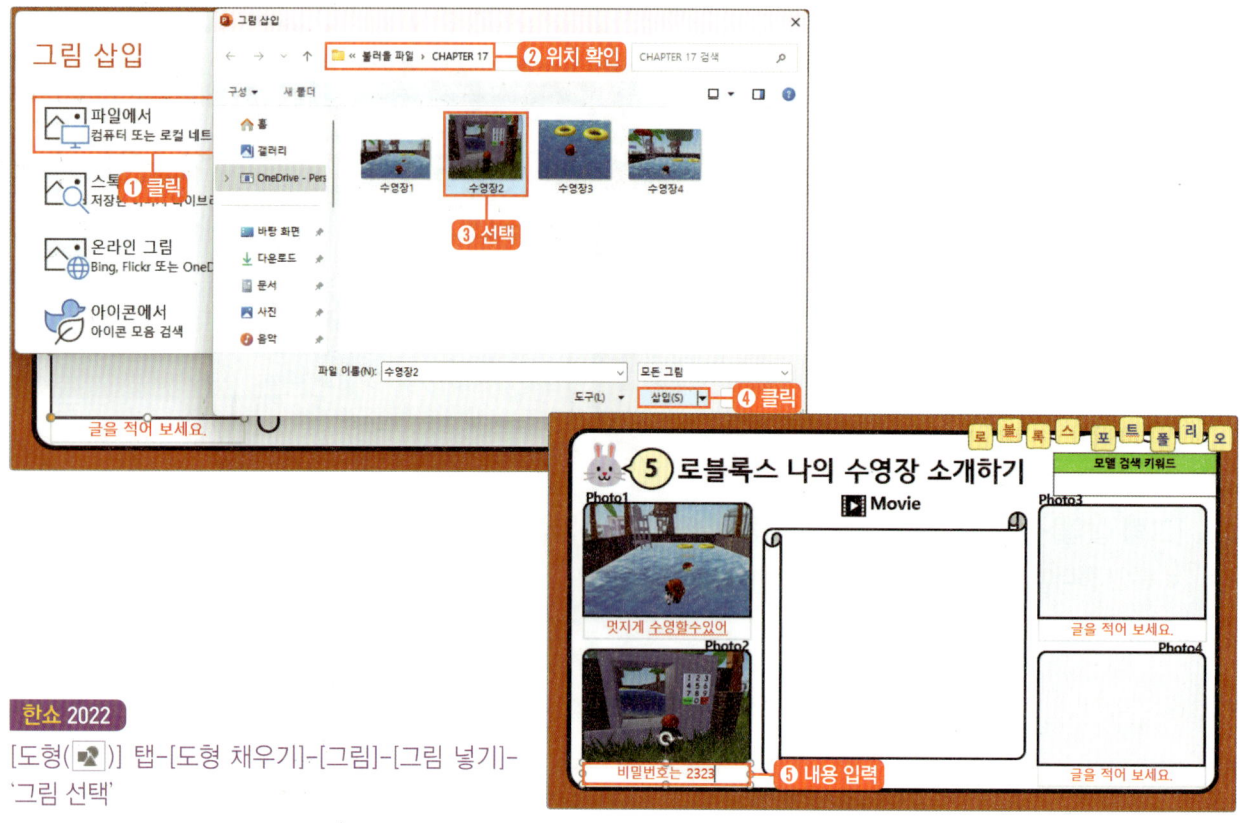

7. Photo3 부분도 같은 방법으로 [그림 삽입]-[파일에서]를 클릭한 다음 사진에서 '수영장3.png'를 선택하여 삽입 후, '글을 적어보세요.' 텍스트 상자에 나의 수영장을 소개하는 내용을 자유롭게 입력합니다.

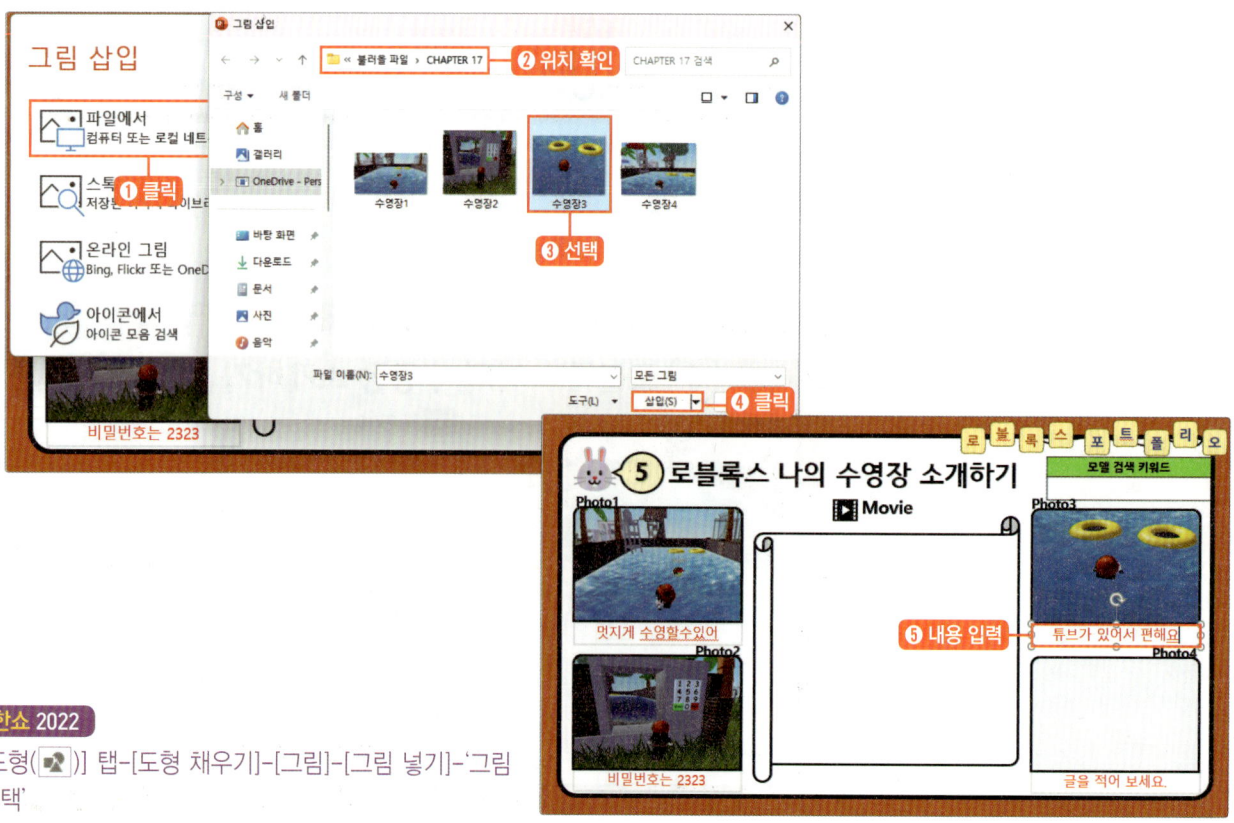

8. Photo4 부분도 같은 방법으로 [그림 삽입]-[파일에서]를 클릭한 다음 사진에서 '수영장4.png'를 선택하여 삽입 후, '글을 적어보세요.' 텍스트 상자에 나의 수영장을 소개하는 내용을 자 유롭게 입력합니다.

한쇼 2022 [도형( )] 탭-[도형 채우기]-[그림]-[그림 넣기]-'그림 선택'

03 캡처 도구로 촬영한 영상을 삽입하고 비디오 세이프를 변경하기

1. 멋지게 수영한 영상을 삽입하기 위해서 [삽입]-[비디오]-[이 디바이스]를 클릭한 후, '수영장(녹화)'를 선택하고 <삽입> 단추를 클릭합니다.

한쇼 2022 [입력] 탭-[동영상]-[동영상 넣기]-'동영상 선택'

2. 삽입된 영상을 클릭하고 [비디오 형식]-[비디오 세이프]-'별 및 현수막'-'두루마리 모양: 가로 말림' 도형을 선택합니다.

한쇼 2022 [그림( )] 탭-[그림 도형]-'가로로 말린 두루마리 모양'

3. 도형의 위치 및 크기를 변경합니다. 이어서, 노란색점을 왼쪽으로 드래그하여서 모양을 변형합니다.

Chapter 17 미션 수행하기

▶ 불러올 파일 : 없음   ▶ 완성된 파일 : 없음

■ 모델 검색으로 수영장에 추가하고 싶은 모델의 키워드 영어단어를 직접 적어보세요.

▶ 불러올 파일 : 미션 수행 01.pptx   ▶ 완성된 파일 : 미션 수행 01(완성).pptx

■ 파일을 불러와 안전에 대한 내용을 생각해 본 다음 입력합니다.

Chapter 18
[스튜디오로 만드는 나만의 가상 세계]
여덟 번째! 나만의 캠핑장 만들기

▶ 불러올 파일 : 없음   ▶ 완성된 파일 : 캠핑장 만들기.rbxl

 **학습목표**
- 캠핑장에 필요한 모델을 넣어서 멋진 나만의 캠핑장을 완성할 수 있습니다.
- 캠핑장 표지판에 원하는 그림으로 변경할 수 있습니다.
- 파트에 불을 피워서 모닥불을 만들 수 있습니다.

◆ 키워드 검색어 → 인터넷을 검색해서 단어를 찾아 적어보자.

단어(영어 스펠링)	단어(영어 스펠링)	단어(영어 스펠링)	단어(영어 스펠링)
단어(영어 스펠링)	단어(영어 스펠링)	단어(영어 스펠링)	단어(영어 스펠링)

01 검색창 'camping'을 검색하여 캠핑장 만들기

1. 로블록스 스튜디오를 실행하고 [체험]-저장된 플레이스를 클릭하여 실행합니다. 이어서, 도구 상자를 실행하고 검색창에 "camping"을 입력한 다음 검색된 모델 중 '텐트', '의자', '테이블', '모닥불'을 넣어서 캠핑장을 꾸며봅니다.

2. 캠핑장 지도(camp map)를 설치합니다.

3. 설치된 캠핑장 지도를 선택한 다음 오른쪽 탐색기의 'camp map'-'decal block'-'Decal'을 클릭합니다. 이어서, [속성]-'모양'-'Texture'를 클릭 후, <이미지 추가> 단추를 클릭합니다.

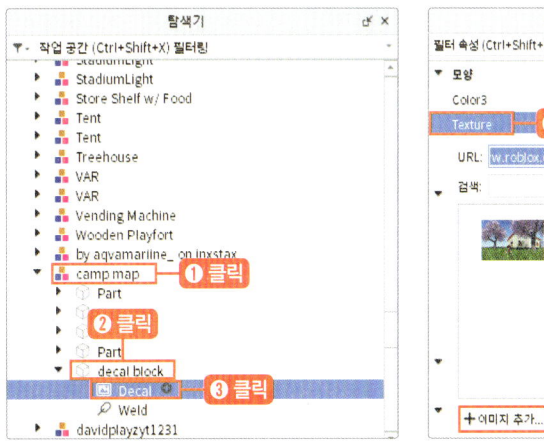 

4. <파일 선택> 단추를 클릭하고 [불러올 파일]-[CHAPTER 18]-'지도.png'를 선택한 다음 <열기> 단추를 클릭합니다. 이어서, <만들기> 단추를 클릭하여 그림을 변경된 것을 확인합니다.

5. 캠핑장의 꽃인 맛있는 음식들을 삽입하기 위해 검색창에 "camping food"을 입력하고 검색된 모델 중 음식들을 추가해서 완성합니다.

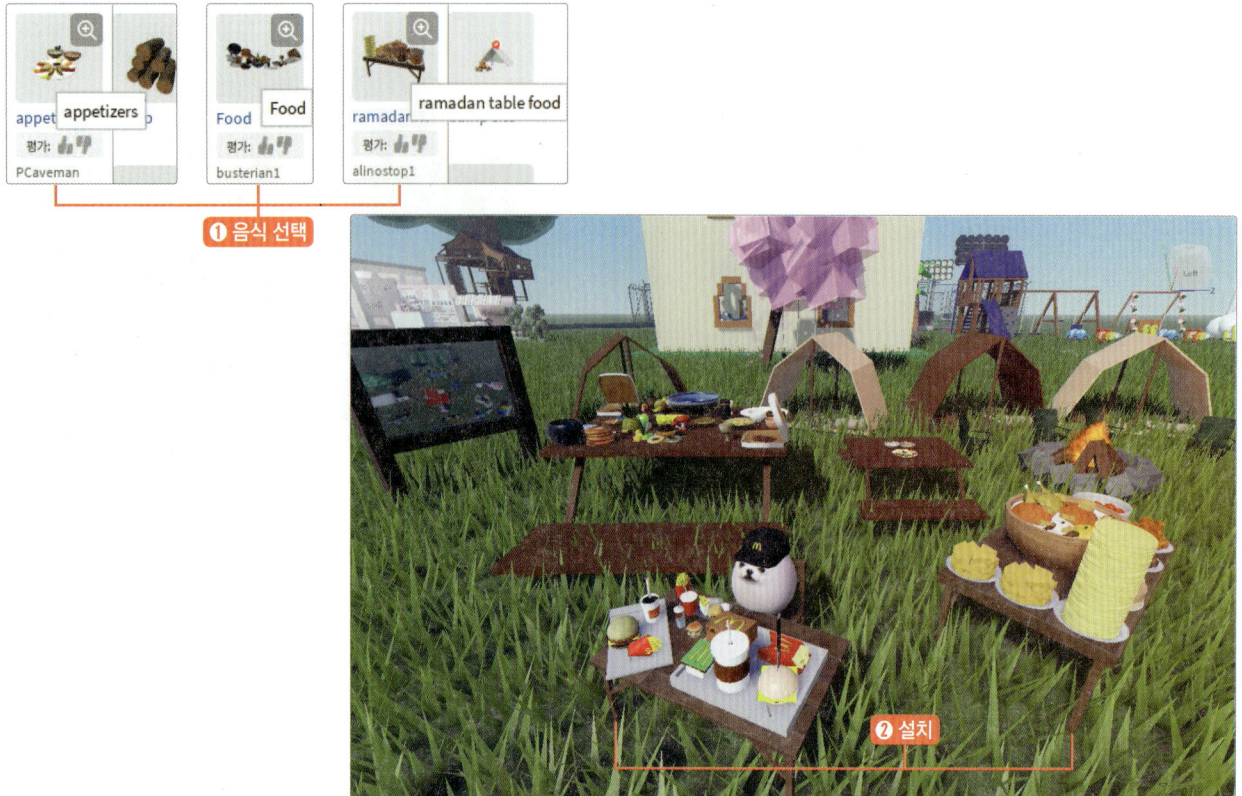

02 파트에 불을 피워서 모닥불 만들기

1. 검색창에 "campfire"을 입력하고 검색된 모델 'wood-campfire' 모델을 클릭하여 삽입합니다.

2. 삽입된 wood안에 불을 피우기 위해 [모델]-[파트]를 클릭하고 삽입된 파트를 클릭한 후, [모델]-[효과]-[불]을 선택합니다.

3. 설치된 파트를 선택한 다음 오른쪽 탐색기의 'Part'-'Fire'를 클릭합니다. 이어서, 불의 색상을 변경하기 위해서 오른쪽 하단의 속성 창에서 '데이터'-'Color'의 색상 단추를 클릭하여 원하는 색상으로 변경하고 같은 방법으로 'SecondaryColor'의 색상도 변경해 줍니다.

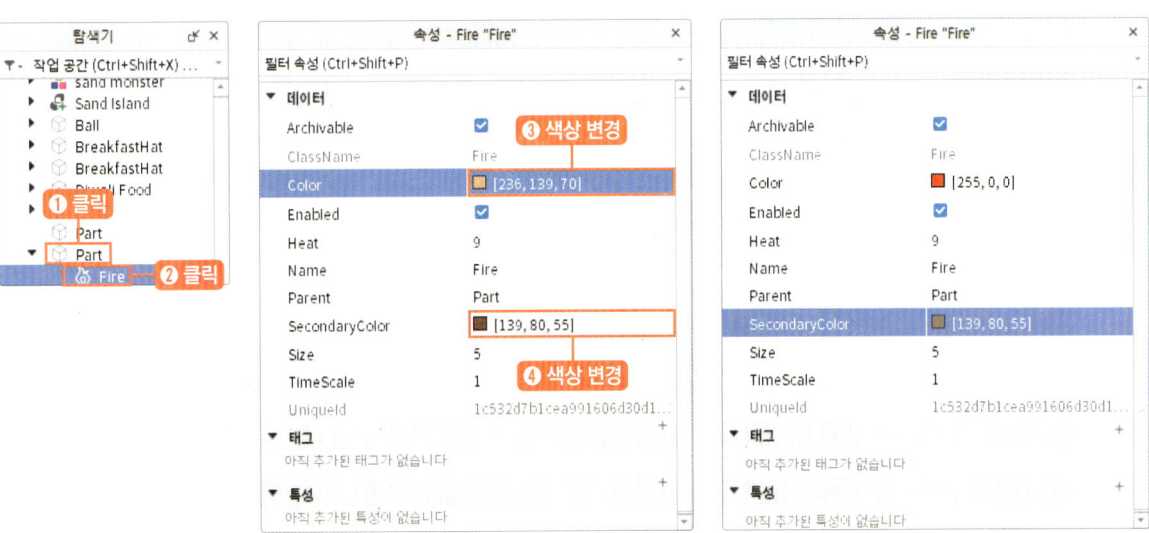

4. 파트를 투명으로 변경하기 위해서 파트를 클릭한 후, 오른쪽 속성 창의 [모양]-'Transparency'의 값을 "1"로 변경합니다.

5. 완성된 파일을 저장하기 위해 [파일]-[Roblox저장]을 클릭합니다.

Chapter 18 미션 수행하기

▶ 불러올 파일 : 없음   ▶ 완성된 파일 : 캠핑장 미션 수행.rbxl

■ 캠핑장에 넣고 싶은 모델을 선택하여서 꾸며보자. (캠핑카, 음식, 안전용품등)

Chapter 19. 파워포인트로 만드는 나만의 캠핑장을 소개해요

▶ 불러올 파일 : 로블록스 포트폴리오_캠핑장.pptx ▶ 완성된 파일 : 로블록스 포트폴리오_캠핑장(완성).pptx

- 로블록스 스튜디오를 열고 나만의 캠핑장을 캡처해서 원하는 곳을 저장할 수 있습니다.
- 파워포인트를 열고 나의 캠핑장을 소개하는 포트폴리오는 완성할 수 있습니다.

01 나만의 캠핑장을 캡처해서 원하는 곳을 저장하기

1. 로블록스 스튜디오를 실행하고 [체험]-저장된 플레이스를 클릭한 후, [플레이]를 클릭하여서 실행합니다.

2. 사진을 찍고 싶은 위치에서 카메라의 방향과 위치를 조정한 후, 정면을 바라보고 캡처 도구를 실행하여 <새 캡처> 단추를 클릭합니다.

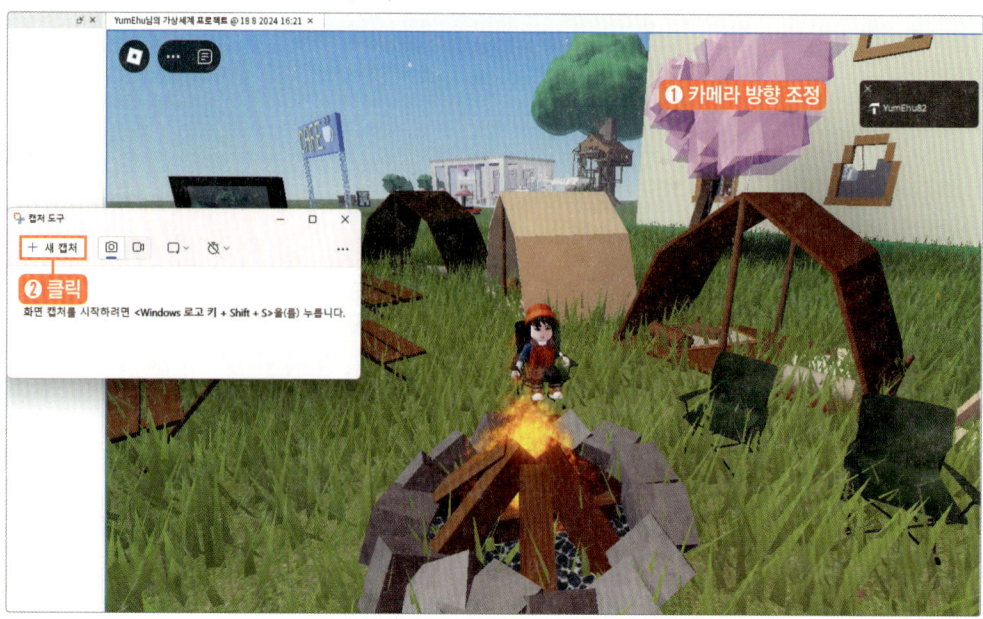

3. 원하는 부분만큼 드래그한 후, 캡처된 이미지를 저장하기 위해서 오른쪽 상단의 <다른 이름으로 저장> 단추를 클릭하여 저장합니다.

4. 같은 방법으로 나의 캠핑장에서 소개하고 싶은 곳을 선택하여 그림을 2장 캡처하고 저장합니다.

02 나의 캠핑장을 소개하는 포트폴리오는 완성하기

1. 파워포인트를 실행한 다음 [열기]를 클릭합니다. 이어서, [찾아보기]를 클릭하여 [불러올 파일]-[CHAPTER 19]-'로블록스 포트폴리오_캠핑장.pptx' 파일을 불러옵니다.

   한쇼 2022 [한쇼 2022] 실행-[내 컴퓨터에서 불러오기]

2. '이곳에 제목을 입력하세요.'에 "로블록스 나의 캠핑장 소개하기"를 입력합니다.

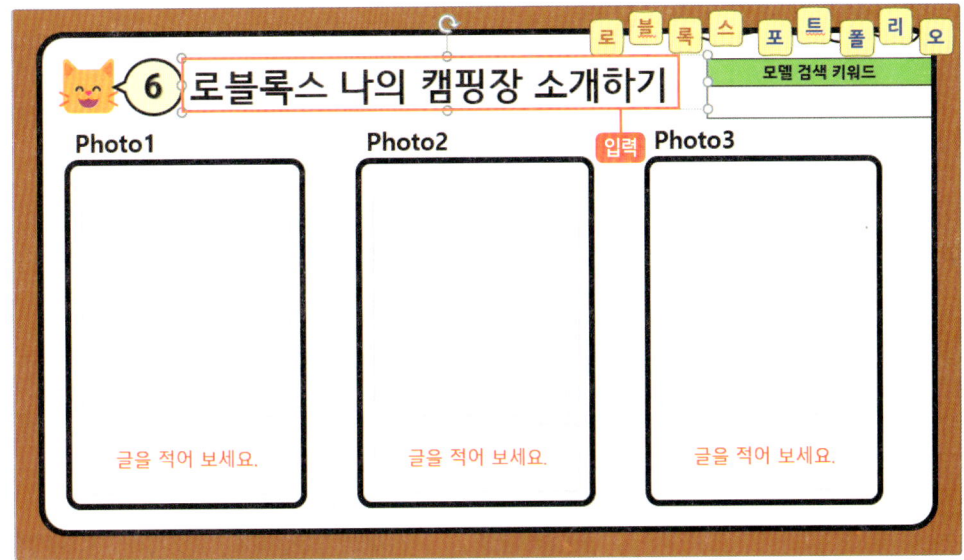

3. 캡처한 그림을 삽입하기 위해 도형을 클릭하고 [도형 서식]-[도형 채우기]-[그림]을 클릭합니다.

한쇼 2022 [도형( )] 탭-[도형 채우기]-[그림]

4. [그림 삽입]-[파일에서]를 클릭한 다음 사진에서 '캠핑장1.png'를 선택하고 <삽입> 단추를 클릭 합니다.

한쇼 2022 [그림 넣기] 대화 상자에서 그림 선택

5. '글을 적어보세요' 텍스트 상자를 클릭하고 나의 캠핑장을 소개하는 내용을 자유롭게 입력합니다.

6. 'Photo2' 부분도 같은 방법으로 [그림 삽입]-[파일에서]를 클릭한 다음 '캠핑장2.png'를 선택하여 삽입 후, '글을 적어보세요' 텍스트 상자를 클릭하고 내용을 자유롭게 입력합니다.

한쇼 2022 [도형( )] 탭-[도형 채우기]-[그림]-[그림 넣기]-'그림 선택'

7. 'Photo3' 부분도 같은 방법으로 [그림 삽입]-[파일에서]를 클릭한 다음 '캠핑장3.png'를 선택하여 삽입 후, '글을 적어보세요' 텍스트 상자를 클릭하고 내용을 자유롭게 입력합니다.

한쇼 2022 [도형( )] 탭-[도형 채우기]-[그림]-[그림 넣기]-'그림 선택'

Chapter 19 미션 수행하기

▶ 불러올 파일 : 미션 수행 01.pptx   ▶ 완성된 파일 : 미션 수행 01(완성).pptx

- 파일을 불러와 안전에 대한 내용을 생각해 본 다음 입력합니다.

Chapter 20 [스튜디오로 만드는 나만의 가상 세계]
아홉 번째! 나만의 게임방 만들기

▶ 불러올 파일 : 없음　▶ 완성된 파일 : 나만의 게임방(완성).rbxl

 **학습목표**
- 검색창에 'game'를 입력할 수 있어요.
- 2층 게임방에 필요한 모델을 넣어서 완성할 수 있어요.

◆ 키워드 검색어 → 인터넷을 검색해서 단어를 찾아 적어보자.

단어(영어 스펠링)	단어(영어 스펠링)	단어(영어 스펠링)	단어(영어 스펠링)
단어(영어 스펠링)	단어(영어 스펠링)	단어(영어 스펠링)	단어(영어 스펠링)

01 트랜디한 게임방 만들기

1. 로블록스 스튜디오를 실행하고 [체험]-저장된 플레이스를 클릭하여 실행합니다. 이어서, 2층에 게임방을 완성할 위치를 선택하고 'PC Gaming setup' 모델을 삽입 후, [홈]-[이동]을 클릭해서 위치를 변경합니다.

2. 친구들을 초대하기 위해 여러 개의 PC 테이블이 필요하므로 'PC Gaming setup' 모델을 복제하고 이동합니다.
   ※ Ctrl + D 키를 눌러 복제한 다음 이동합니다.

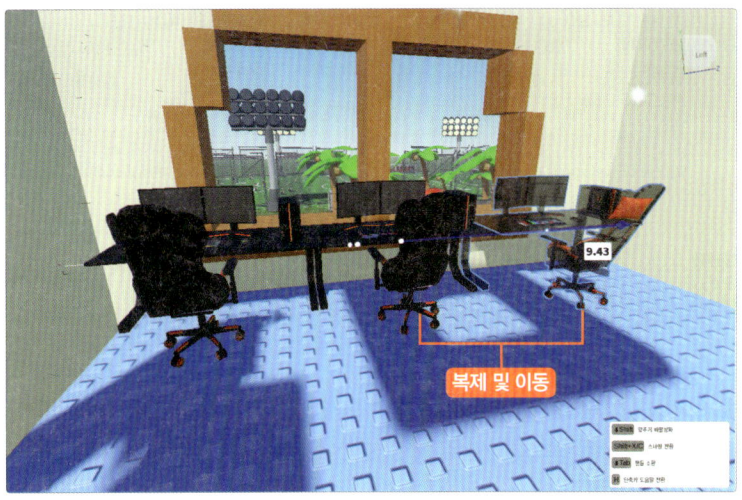

3. 책상에 달려있는 의자들을 최신형으로 변경하기 위해 'PC Gaming setup' 모델을 클릭하고 오른쪽 탐색기 창의 'PC Gaming setup' 하단메뉴의 'Gaming Chair'를 선택합니다.

4. 선택된 의자를 Del 키로 삭제한 후, 왼쪽 도구 상자 모델의 'RGB Gaming chair'를 선택하고 [홈]-[이동], [회전]으로 의자의 위치를 변경합니다.

 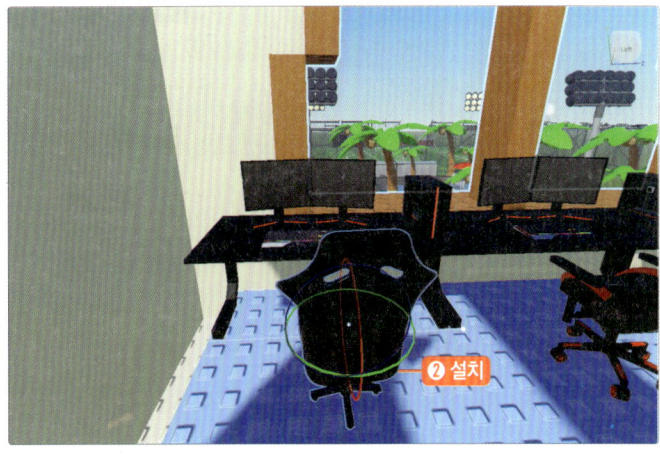

5. 다른 책상의 의자들도 같은 방법으로 삭제한 후, 원하는 모델의 의자를 넣어서 완성합니다.

02 나의 생각이 담긴 꿈의 게임방을 꾸며보자.

1. 게임기를 넣기 위해 방안에 위치를 선택한 다음 'arcade'를 검색 후, 'arcade game mario'를 선택하고 설치한 다음 [홈]-[이동], [회전]으로 게임기의 위치를 변경합니다.

2. 다른 오락실 게임기도 찾아서 설치하고 [홈]-[이동], [회전]으로 위치를 변경합니다.

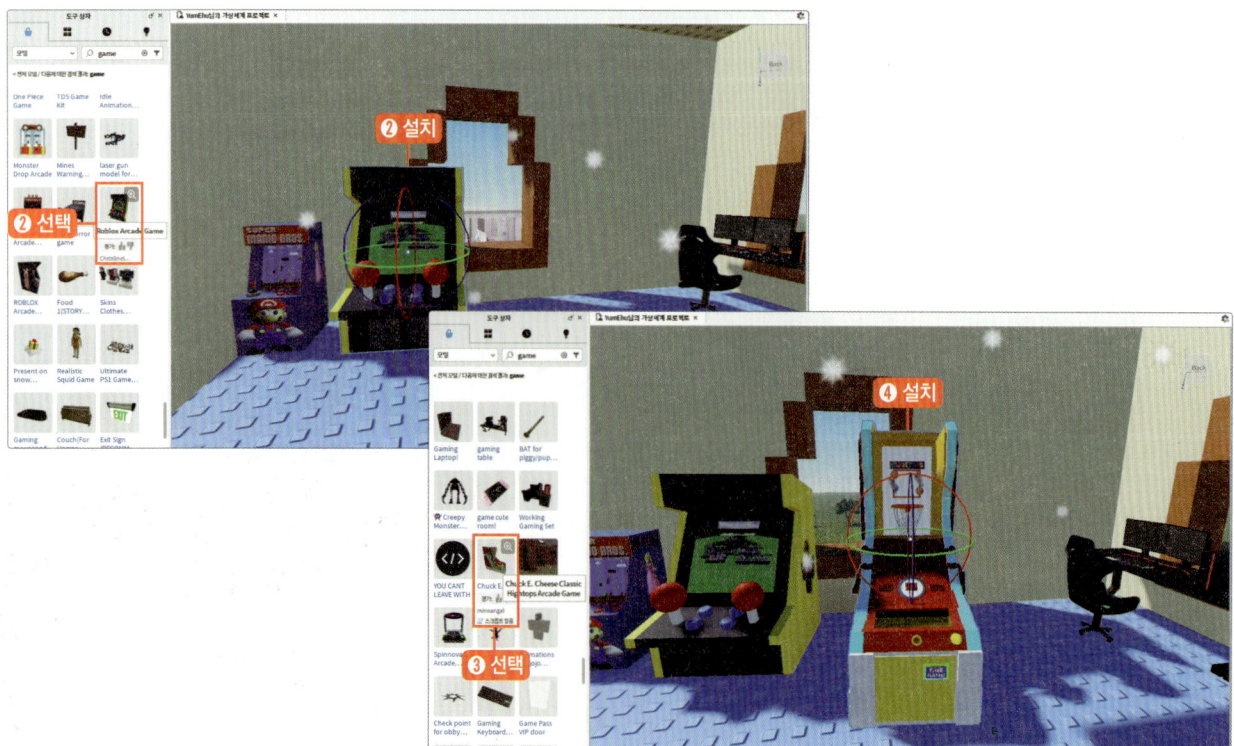

Chapter 20 미션 수행하기

▶ 불러올 파일 : 없음   ▶ 완성된 파일 : 게임방 미션 수행.rbxl

- 나의 게임방에 놓고 싶은 모델을 선택하여서 꾸며보자. (벽에 액자, 캐릭터 모형등)

Chapter 21 파워포인트로 만드는 나의 게임방을 소개해요

▶ 불러올 파일 : 로블록스 포트폴리오_게임방.pptx　▶ 완성된 파일 : 로블록스 포트폴리오_게임방(완성).pptx

 학습목표

- 로블록스 스튜디오를 열고 나만의 게임방을 캡처해서 원하는 곳을 저장할 수 있습니다.
- 파워포인트를 열고 나의 게임방을 소개하는 포트폴리오를 완성할 수 있습니다.

01 나만의 게임방 그림 캡처해서 원하는 곳을 저장하기

1. 로블록스 스튜디오를 실행하고 [체험]-저장된 플레이스를 클릭한 후, [플레이]를 클릭해서 실행합니다.

2. 사진을 찍고싶은 위치에서 카메라의 방향과 위치를 조정한 후, 정면을 바라보고 캡처 도구를 실행하여 <새 캡처> 단추를 클릭합니다.

3. 원하는 부분만큼 드래그한 후, 캡처된 이미지를 저장하기 위해 상단 오른쪽 <다른 이름으로 저장> 단추를 클릭하여 저장합니다.

4. 나의 게임방에서 소개하고 싶은 곳을 선택하여 그림을 2장 캡처하고 저장합니다.

02 나의 게임방을 소개하는 포트폴리오는 완성하기

1. 파워포인트를 실행한 다음 [열기]를 클릭합니다. 이어서, [찾아보기]를 클릭하여 [불러올 파일]-[CHAPTER 21]-'로블록스 포트폴리오_게임방.pptx' 파일을 불러옵니다.

   한쇼 2022 [한쇼 2022] 실행-[내 컴퓨터에서 불러오기]

2. '이곳에 제목을 입력하세요.'에 "로블록스 나의 게임방 소개하기"를 입력합니다.

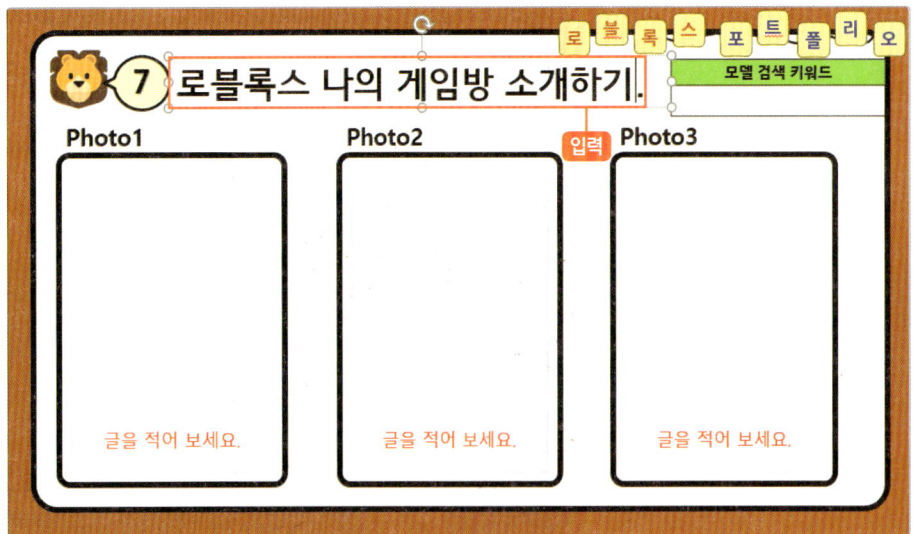

3. 캡처한 그림을 삽입하기 위해 도형을 클릭하고 [도형 서식]-[도형 채우기]-[그림]을 클릭합니다.

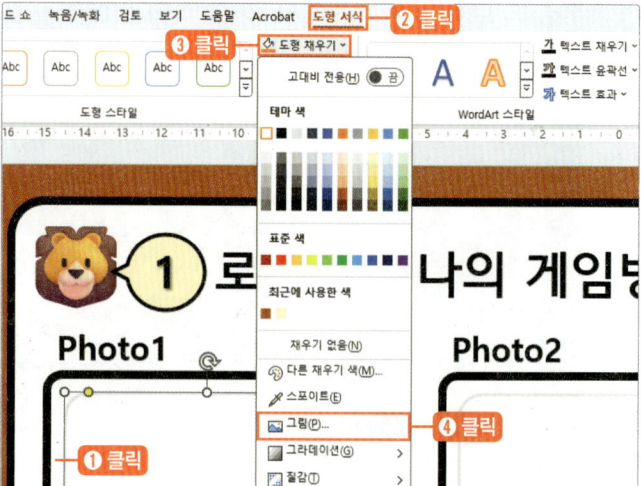

한쇼 2022 [도형( )] 탭-[도형 채우기]-[그림]

4. [그림 삽입]-[파일에서]를 클릭한 다음 사진에서 '나의 게임방1.png'를 선택하고 <삽입> 단추를 클릭합니다.

한쇼 2022 [그림 넣기] 대화 상자에서 그림 선택

5. '글을 적어보세요' 텍스트 상자를 클릭하고 나의 게임방을 소개하는 내용을 자유롭게 입력합니다.

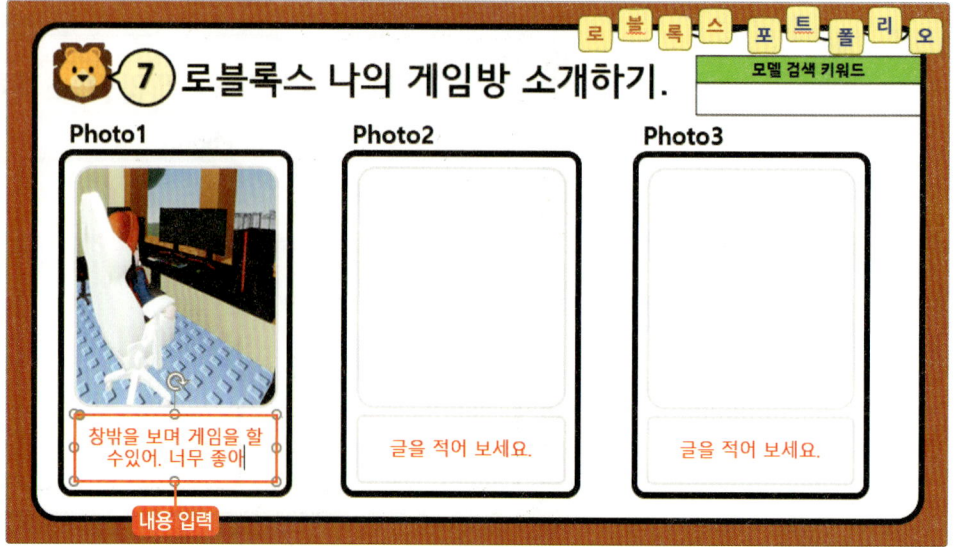

6. 'Photo2' 부분도 같은 방법으로 [그림 삽입]-[파일에서]를 클릭한 다음 '나의 게임방2.png'를 선택하여 삽입 후, '글을 적어보세요' 텍스트 상자를 클릭하고 내용을 자유롭게 입력합니다.

한쇼 2022 [도형( )] 탭-[도형 채우기]-[그림]-[그림 넣기]-'그림 선택'

7. 'Photo3' 부분도 같은 방법으로 [그림 삽입]-[파일에서]를 클릭한 다음 '나의 게임방3.png'를 선택하여 삽입 후, '글을 적어보세요' 텍스트 상자를 클릭하고 내용을 자유롭게 입력합니다.

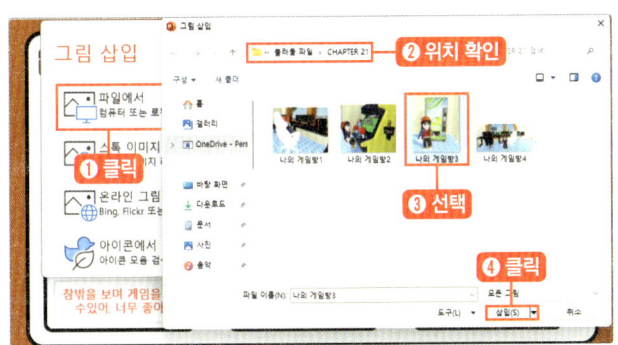 

한쇼 2022 [도형( )] 탭-[도형 채우기]-[그림]-[그림 넣기]-'그림 선택'

▶ 불러올 파일 : 미션 수행 01.pptx   ▶ 완성된 파일 : 미션 수행 01(완성).pptx

■ 파일을 불러와 네티켓에 대한 내용을 생각해 본 다음 입력합니다.

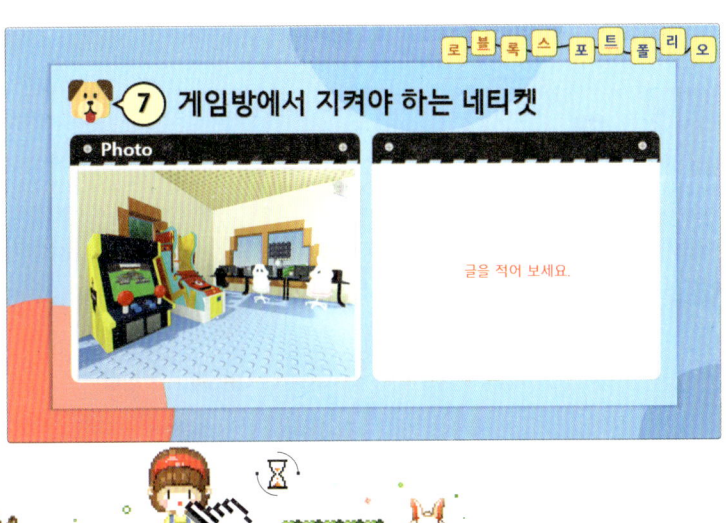

Chapter 22 [스튜디오로 만드는 나만의 가상 세계] 열 번째! 친구들과 함께할 파티장 만들기

▶ 불러올 파일 : 없음   ▶ 완성된 파일 : 나만의 파티장(완성).rbxl

 학습목표
- 파티용품을 모델로 검색할 수 있습니다.
- 파티장 안에 필요한 음식, 의자, 테이블등을 검색하여서 파티장을 완성할 수 있습니다.

◆ 키워드 검색어 → 인터넷을 검색해서 단어를 찾아 적어보자.

단어(영어 스펠링)	단어(영어 스펠링)	단어(영어 스펠링)	단어(영어 스펠링)
단어(영어 스펠링)	단어(영어 스펠링)	단어(영어 스펠링)	단어(영어 스펠링)

01 친구들과 함께할 파티룸을 꾸며보기

1. 로블록스 스튜디오를 실행하고 [체험]–저장된 플레이스를 클릭하여 실행합니다. 이어서, 파티장을 만들 집에 2층으로 이동 후, 도구 상자를 실행하고 검색창에 "party"을 입력한 다음 'fnaf party decoration'을 선택하고 천장에 설치합니다.

   ※ 설치한 가랜드는 복제하여서 꾸며봅니다.

2. 풍선인 'party ballons'를 선택하고 천장에 설치합니다.

    ※ 설치한 풍선은 복제하여서 꾸며봅니다.

3. 파티장에 필요한 친구들이 좋아할 음식을 선택하고 테이블을 설치합니다.

4. 친구들이 앉아서 음식을 먹을 수 있도록 테이블과 의자를 같이 설치합니다.

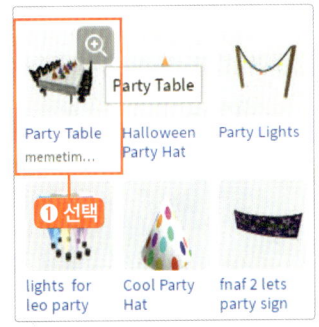

CHAPTER 22 [스튜디오로 만드는 나만의 가상 세계] 열 번째! 친구들과 함께할 파티장 만들기 **139**

02 야외 테라스에도 파티룸을 꾸며보자

1. 야외 테라스쪽으로 방향을 이동합니다. 야외 테이블을 찾아서 삽입한 후, 먹을 음식을 넣어서 테이블을 꾸며봅니다.

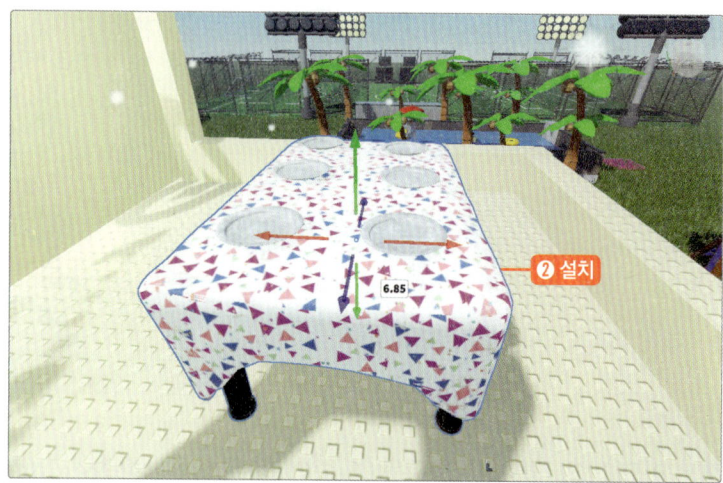

2. 비가 오면 피할 곳을 대비하여서 파라솔을 설치합니다.

3. 파티장에 들어가는 입구에 멋진 배너를 설치하여서 꾸며봅니다.

4. 파티장에서 음악을 들을 수 있도록 스피커를 설치한 후, 복제하여 양쪽에 모두 스피커를 설치합니다.

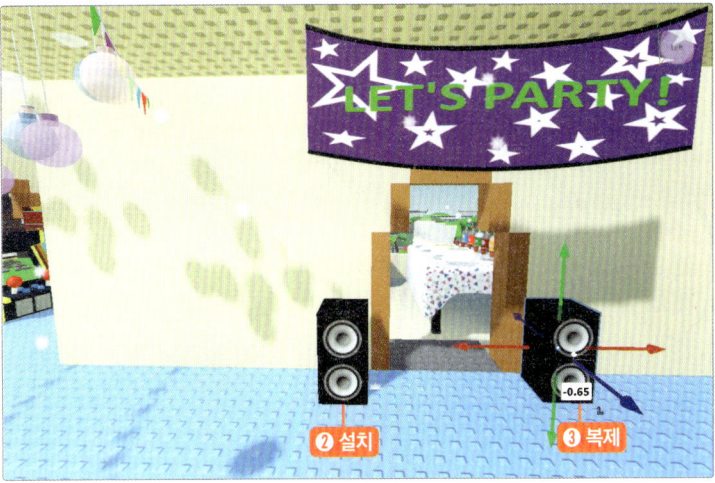

Chapter 22 미션 수행하기

▶ 불러올 파일 : 없음   ▶ 완성된 파일 : 파티장 미션 수행.rbxl

■ 친구들과 함께할 파티장에 필요한 다양한 모델을 넣어서 꾸며보자.

Chapter 23 내가 만든 세상 속에서 친구들과 함께 활동하고 사진 남기기

▶ 불러올 파일 : 로블록스 포트폴리오_친구들과 함께.pptx   ▶ 완성된 파일 : 로블록스 포트폴리오_친구들과 함께(완성).pptx

학습목표
- 친구들을 나의 세상 속에 들어올 수 있도록 친구 추가할 수 있습니다.
- 친구들과 함께한 사진을 찍어서 남길 수 있습니다.
- 함께 찍은 사진을 포트폴리오에 넣어서 멋진 사진첩을 완성할 수 있습니다.

01 아이디를 검색후에 친구로 추가하기

1. 로블록스(http://www.roblox.com) 사이트에 접속한 후, 로그인합니다.

2. 검색창에 친구의 아이디를 검색한 후, [회원에서]를 클릭하고 <친구 추가> 단추를 클릭합니다.

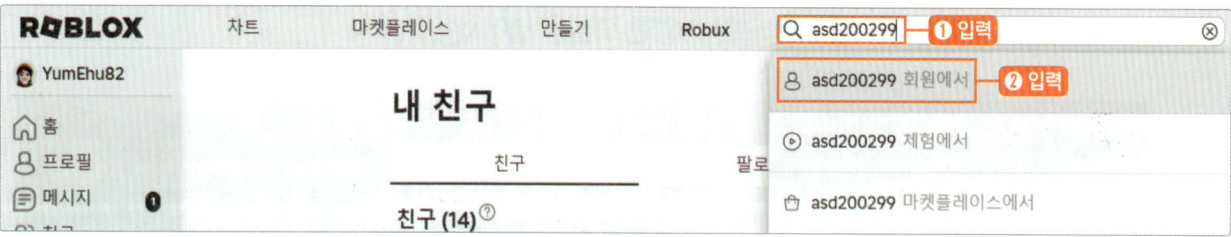

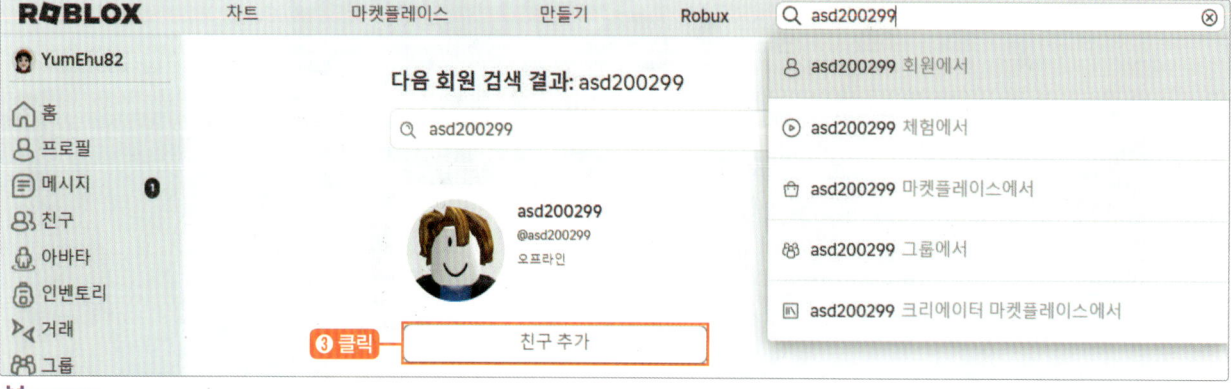

> **TIP** 친구도 함께 수락하여 서로 친구가 되어야 내가 만든 작품을 볼 수 있으며 채팅도 함께 할 수 있습니다.

3. 수락된 친구들과 같이 이야기를 주고받기 위해 오른쪽 하단에 추가된 친구를 확인하고 채팅을 해봅니다.

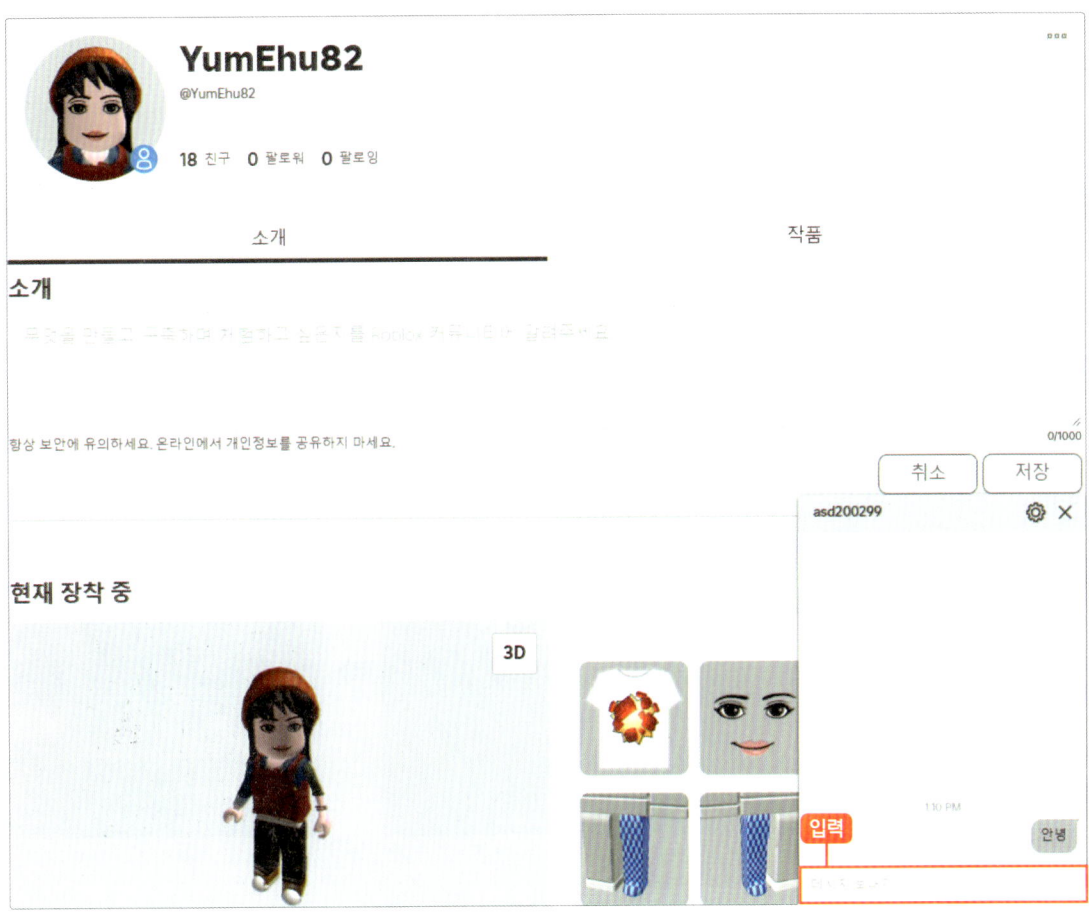

02 함께 사진을 찍고 기록으로 남겨보자.

1. 내가 만든 작품을 친구들에게 공유하여 같이 체험하기 위해 로블록스 스튜디오를 로그인합니다. 이어서, 내가 만든 세상을 클릭하고 [파일]-[Roblox에 게시]를 클릭하여 작품을 공유합니다.

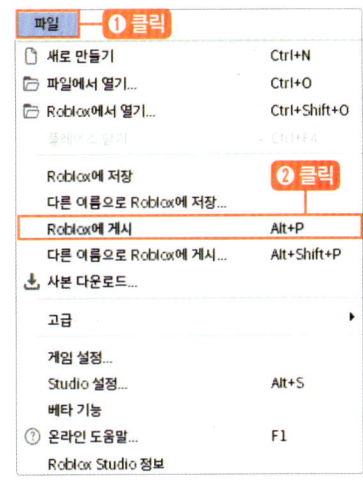

2. 친구들과 함께 서로 만든 세상에 접속하기 위해 엣지 브라우저를 실행한 다음 로블록스(http://www.roblox.com)사이트를 클릭하고 로그인합니다.

3. 왼쪽 [친구] 메뉴를 클릭한 다음 친구의 아이디를 클릭 하여 [작품]을 클릭하고 실행을 합니다.

4. 친구의 세상에서 마음에 드는 사진을 남길 수 있도록 왼쪽 상단 [추가 메뉴]-[캡처]를 클릭하여 캡처 기능을 활성화합니다.

5. 친구들에게 한곳에 모여서 사진을 찍자고 말하기 위해 왼쪽 상단에서 채팅하여 같은 장소에 모여서 사진을 찍을 준비를 합니다. Alt + 1 or 화면 오른쪽 <캡처> 아이콘 단추를 클릭합니다.

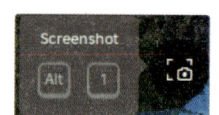

6. 캡처 단추를 클릭하면 상단에 캡처 완료 메시지를 확인합니다.

7. 캡처된 사진을 확인하고 다운받기 위해 ESC 키를 누르고 [캡처] 탭을 클릭해서 찍은 사진을 확인합니다. 이어서, 마음에 드는 사진을 클릭하고 하단에 <다운로드> 단추를 클릭합니다.

8. [내 PC]-[사진]-[Roblox] 폴더 안에 저장된 사진을 확인합니다.

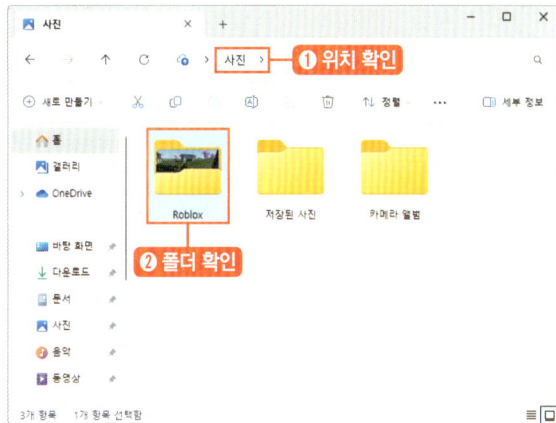

03 찍은 사진으로 친구들과 함께한 추억의 사집첩을 만들어보자

1. 파워포인트를 실행한 다음 [열기]를 클릭합니다. 이어서, [찾아보기]를 클릭하여 [불러올 파일]-[CHAPTER 23]-'로블록스 포트폴리오_친구들과 함께.pptx' 파일을 불러옵니다.

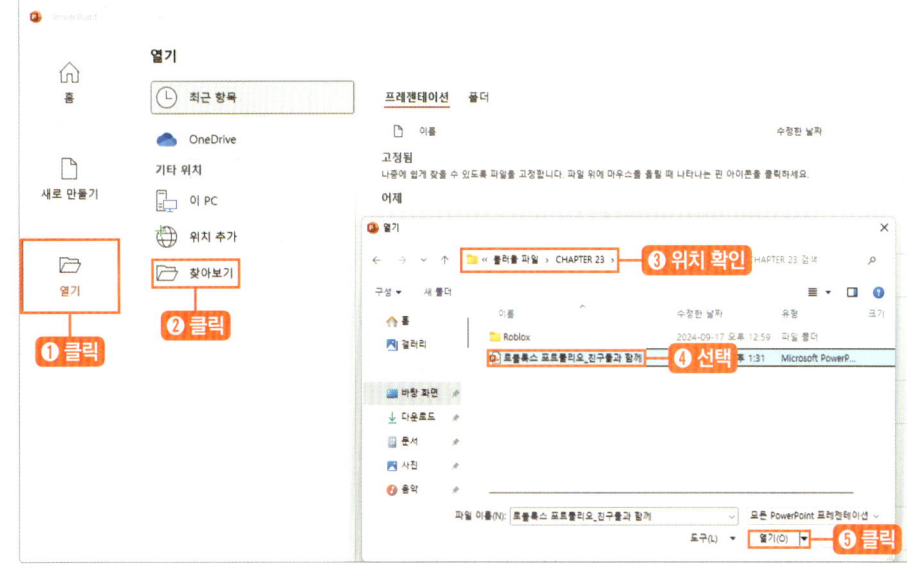

한쇼 2022

[한쇼 2022] 실행-[내 컴퓨터에서 불러오기]

2. '이곳에 제목을 입력하세요.'에 "친구들과 함께한 추억사진"을 적어 넣습니다.

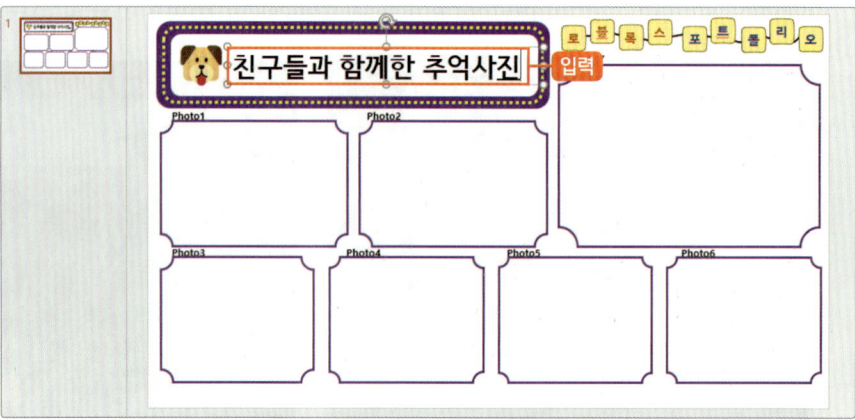

3. 사진첩에 사진을 넣기 위해서 [삽입]-[그림]-[이 디바이스]를 클릭합니다.

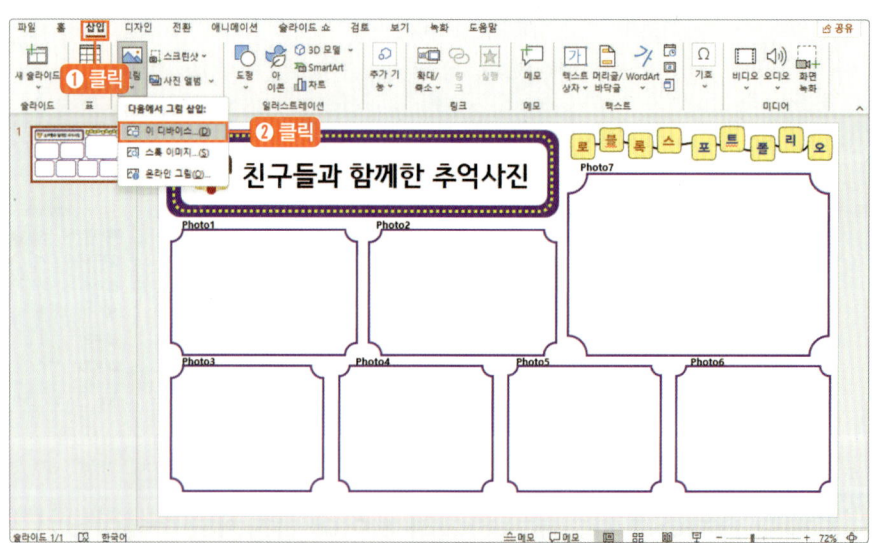

한쇼 2022 [입력] 탭-[그림]

4. [내 pc]-[사진]-[Roblox] 폴더 안에 있는 사진을 선택하고 <삽입> 단추를 클릭합니다.

한쇼 2022
[그림 넣기] 대화 상자에서 그림 선택

5. 삽입된 그림을 다양한 사진첩 도형 모양으로 자르기 위해서 [그림 서식] 탭-[자르기]-[도형에 맞춰 자르기]-'기본 도형'-'배지'를 선택하고 모양과 크기를 조절합니다.

`한쇼 2022` [그림(🌷)] 탭-[그림 도형]-'배지'

6. 같은 방법으로 [삽입]-[그림]-[이 디바이스] 단추를 클릭하여 사진을 넣고 [그림 서식] 탭-[자르기]-[도형에 맞춰 자르기]-'기본도형'-'배지'를 선택한 후, 크기를 조절하여 사진첩을 모두 완성합니다.

`한쇼 2022` [그림(🌷)] 탭-[그림 도형]-'배지'

Chapter 23 미션 수행하기

▶ 불러올 파일 : 미션 수행 01.pptx   ▶ 완성된 파일 : 미션 수행 01(완성).pptx

■ [도형]-[설명선]을 사용해서 추억 사진을 소개하는 말풍선을 완성해 봅니다.

MEMO

Chapter 24 내가 만든 작품 - 동영상으로 제작하기

▶ 불러올 파일 : 로블록스 포트폴리오_나의 세상 촬영.pptx ▶ 완성된 파일 : 로블록스 포트폴리오_나의 세상 촬영(완성).pptx

학습목표
- 내가 만든 작품을 돌아다니면서 동영상으로 촬영을 할 수 있습니다.
- 동영상으로 촬영된 사진을 포트폴리오에 넣어서 소개할 수 있습니다.

01 내가 만든 세상을 영상으로 촬영해 보기

1. 내가 만든 세상에 들어가서 영상으로 촬영하기 위해 엣지 브라우저를 실행한 다음 로블록스(http://www.roblox.com)사이트를 클릭하고 로그인합니다.

2. 왼쪽 상단 나의 아이디를 클릭하고 작품을 선택하여 들어갑니다.

3. 내가 만든 세상을 보여줄 수 있도록 세상을 돌아다니면서 촬영하기 위해 ESC 키를 누른 후, [캡처] 탭을 클릭해서 <동영상 녹화> 단추를 클릭합니다.

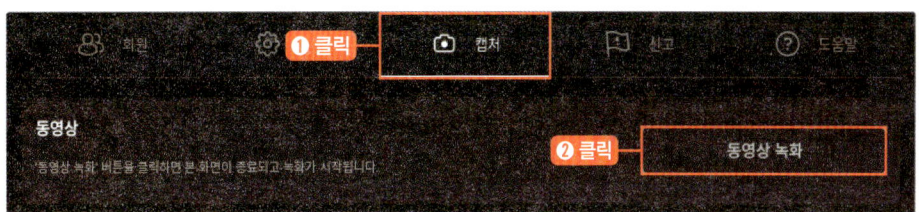

4. 나의 세상을 돌아다니며 즐거운 모습의 감정의 표현하기 위해 키보드의 <.>(온점) 키를 누른 다음 표현하고 싶은 감정의 동작을 클릭하여 움직이는 모습으로 영상에 남겨봅니다.

5. 촬영을 모두 마치면 ESC 키를 누른 후, [캡처] 탭을 클릭해서 <녹화 중지> 단추를 클릭합니다.

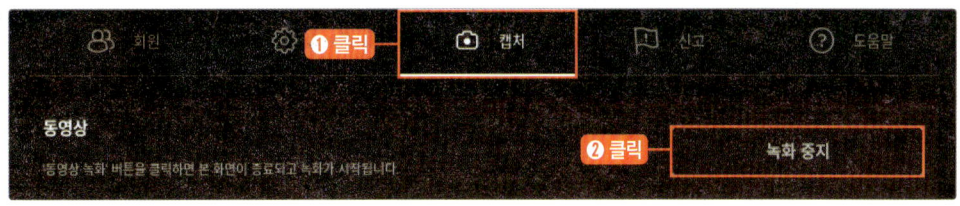

6. 저장된 위치인 [내 PC]-[동영상]-[Roblox]폴더를 더블클릭한 다음 저장된 파일을 확인합니다.

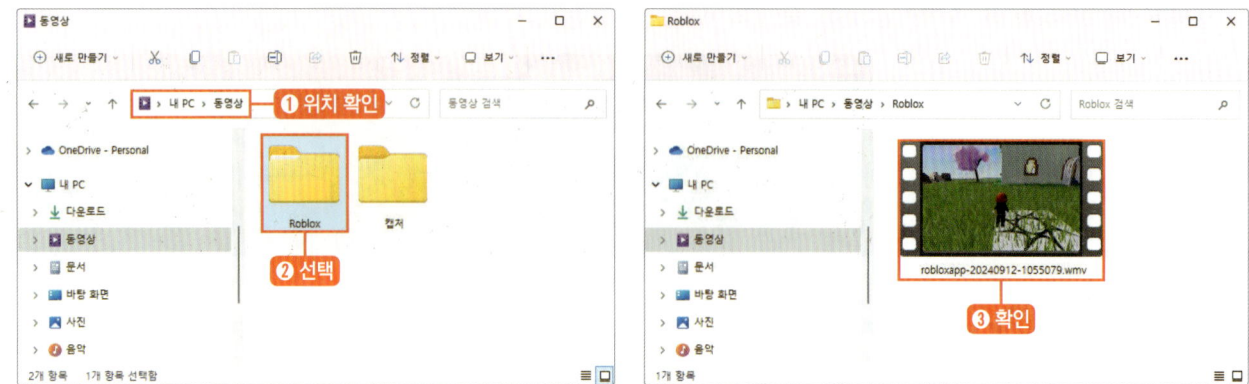

02 촬영한 영상을 소개하는 포트폴리오를 완성해 보기

1. 파워포인트를 실행한 다음 [열기]를 클릭합니다. 이어서, [찾아보기]를 클릭하여 [불러올 파일]-[CHAPTER 24]-'로블록스 포트폴리오_나의 세상 촬영.pptx' 파일을 불러옵니다.

   한쇼 2022 [한쇼 2022] 실행-[내 컴퓨터에서 불러오기]

2. '이곳에 제목을 입력하세요.'에 "000의 가상 세계 영상"을 입력합니다.

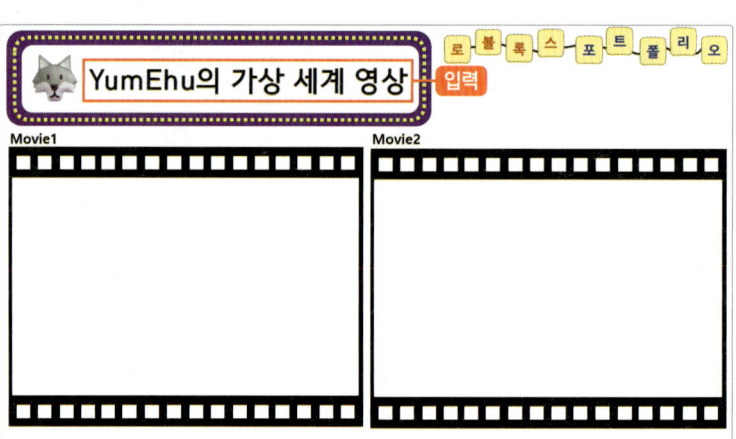

3. 촬영한 영상을 넣기 위해 [삽입]-[비디오]-[이 디바이스]를 클릭합니다.

   한쇼 2022 [입력] 탭-[동영상]

4. [내 PC]-[동영상]-[Roblox] 폴더 안에 있는 영상을 선택하고 <삽입> 단추를 클릭합니다.

한쇼 2022
[동영상 넣기]-'동영상 선택'

5. 영상을 삽입하고 크기를 조절합니다. 같은 방법으로 영상을 삽입한 후, 영상의 위치 및 크기를 조절하여 완성합니다.

 **Chapter 24 미션 수행하기**

▶ 불러올 파일 : 미션 수행 01.pptx   ▶ 완성된 파일 : 미션 수행 01(완성).pptx

[도형]-[설명선]을 사용해서 나의 영상을 소개하는 말풍선을 완성해 봅니다.

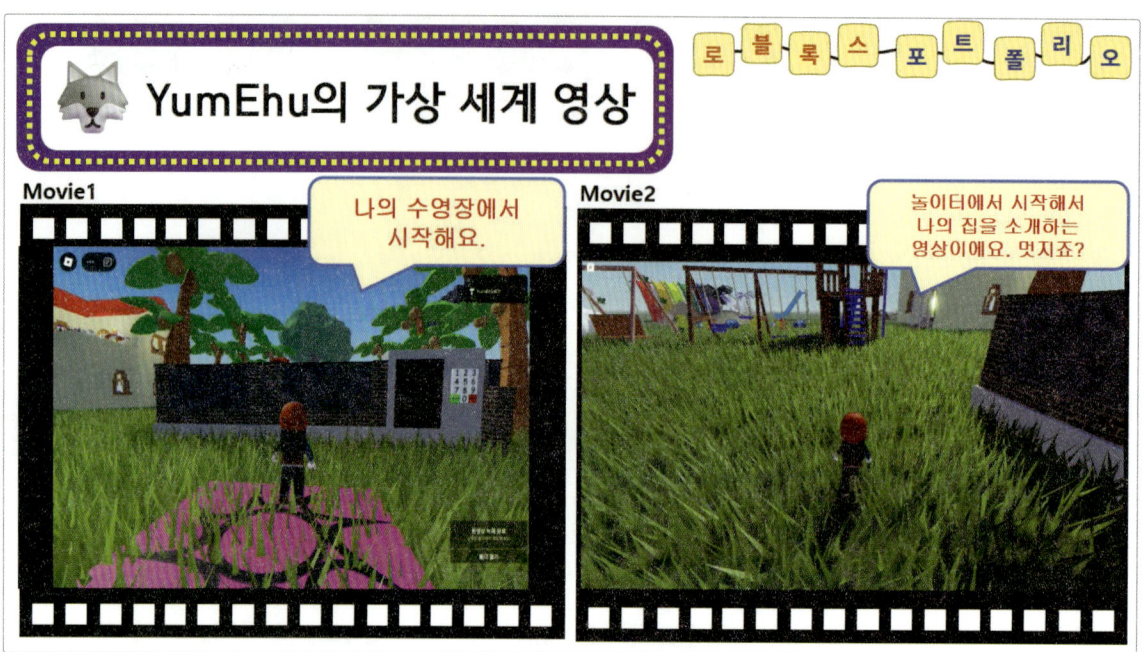

MEMO

MEMO